CEUX QUI NOUS QUITTENT

EXTRAITS

de

Communications Médianimiques

obtenues par Mme de W.

2e édition

15e Mille

1 fr. 25

OUVRAGES

SUR LE

SPIRITISME ET LE SPIRITUALISME

ALTA (Abbé). — *Saint Jean*	7	00
— *Le Christianisme spirituel*	7	00
— *Unité et pluralité des existences de l'âme*	1	50
— *Dieu et la guerre*	1	00
BOIRAC. — *Etude scientifique du spiritisme*	1	50
DANTE. — *Le Phare de la Vérité*, recueil de communications spirites	3	50
DURVILLE (Hector). — *Le Fantôme des vivants*	10	00
FABIUS DE CHAMPVILLE. — *La Science psychique*	0	50
FUGAIRON (D'). — *La Survivance de l'âme*	8	00
LANCELIN (Ch.). — *La Réincarnation*	1	50
— *Comment on meurt, comment on naît*	1	50
ROUXEL. — *Pour devenir spirite*	1	50
THOMSON. — *Le Spiritisme*	0	50
— *Les Fantômes*	0	50
— *Comment parler avec les morts*	0	50
TOUSSAINT BIGOU. — *Le Monde surnaturel*	5	00

REVUES PSYCHIQUES

PSYCHIC MAGAZINE, revue mensuelle dirigée par M. Henri Durville: le n° 75 cent. (Etranger: 80 cent.). Abonnement annuel: France et Colonies: 8 fr. Etranger: 9 fr.

JOURNAL DU MAGNÉTISME, revue mensuelle: Directeurs: MM. Hector, Gaston et Henri Durville. Prix du n°: 1 fr. Abonnement annuel: France et Colonies: 10 fr. Etranger: 12 fr.

Ajouter en sus de la valeur des livres 10 0/0 pour le port et 25 cent. pour la recommandation. Adresser la commande directement à M. Henri Durville, imprimeur-éditeur, 23, rue Saint-Merri, Paris, 4°.

Ceux qui nous Quittent

Ceux qui nous Quittent

EXTRAITS

DE

COMMUNICATIONS MÉDIANIMIQUES

obtenues par Mme de W.

RÉSUMÉ

QUINZIÈME MILLE

:: :: Henri DURVILLE :: ::
:: :: IMPRIMEUR-ÉDITEUR :: ::
23, RUE SAINT MERRI, PARIS, IVe

1919

INTRODUCTION

Que sommes-nous? D'où venons-nous? Où allons-nous? La mort est-elle l'anéantissement de notre être ou l'aurore d'une vie nouvelle entièrement différente de celle d'ici-bas? Telles sont les énigmes que les religions et les philosophies ont essayé de résoudre.

Les religions affirment la survivance de l'être humain, mais leurs enseignements se basent uniquement sur la foi et sont malheureusement contradictoires quant aux conditions de cette vie future.

Les efforts des philosophes n'ont pas davantage abouti à nous donner une réponse satisfaisante à ces importantes questions.

Mais il faut que l'on sache que, dès le milieu du siècle dernier, des recherches précises ont permis de trouver la solution du problème, non plus en faisant appel à la foi ou à la discussion métaphysique, mais en recourant à la méthode scientifique qui utilise l'observation et l'expérience. Ainsi est né le Spiritisme.

Fort mal connu du grand public dont il détruit les préjugés, le Spiritisme a eu à combattre les orthodoxies scientifiques et religieuses qui ont essayé en vain d'en diminuer la valeur et qui ont employé contre lui le sarcasme et la calomnie.

Pour faire comprendre l'importance qu'a prise, malgré tout, cette jeune science, il nous suffira de dire qu'il n'existe pas aujourd'hui de pays civilisé qui ne compte une ou plusieurs sociétés spirites, et que plus de 150 publications tiennent leurs adeptes au courant des découvertes qui se font chaque jour dans ce nouveau domaine.

Des savants illustres, physiciens, astronomes, naturalistes, psychologues, etc....., ont donné leur adhésion complète à cette doctrine, après de nombreuses années consacrées à une étude qu'ils avaient entreprise avec une entière incrédulité.

Comme le dit Allan Kardec (1):

« *Le Spiritisme, pourtant, n'est point une dé-*
« *couverte moderne: les faits et les principes sur*
« *lesquels il repose se perdent dans la nuit des*
« *temps, car on en trouve les traces dans les*
« *croyances de tous les peuples, dans toutes les*
« *religions, dans la plupart des écrivains sacrés*
« *et profanes; seulement les faits, incomplète-*
« *ment observés, ont souvent été interprétés se-*
« *lon les idées superstitieuses de l'ignorance, et*

---

(1) *Le Spiritisme à sa plus simple expression*, page 10.

« l'on n'en avait pas déduit toutes les conséquen-
« ces.

« En effet, le Spiritisme est fondé sur l'exis-
« tence des Esprits, mais les Esprits n'étant au-
« tres que les âmes des hommes, depuis qu'il y a
« des hommes, il y a des Esprits; le Spiritisme
« ne les a ni découverts ni inventés. Si les âmes
« ou les Esprits peuvent se manifester aux vi-
« vants, c'est que cela est dans la nature, et dès
« lors ils ont dû le faire de tout temps; aussi de
« tout temps et partout trouve-t-on la preuve de
« ces manifestations, qui abondent surtout dans
« les récits bibliques. »

« Ce qui est moderne, c'est l'explication logi-
« que des faits, la connaissance plus complète de
« la nature des Esprits, de leur rôle et de leur
« mode d'action, la révélation de notre état futur,
« enfin sa constitution en corps de science et de
« doctrine et ses diverses applications. Les An-
« ciens connaissaient le principe, les Modernes
« connaissent les détails. Dans l'antiquité, l'étu-
« de de ces phénomènes était le privilège de cer-
« taines castes qui ne les révélaient qu'aux ini-
« tiés à leurs mystères; dans le moyen-âge, ceux
« qui s'en occupaient ostensiblement étaient re-
« gardés comme sorciers et on les brûlait; mais
« aujourd'hui il n'y a de mystères pour personne,
« on ne brûle plus personne; tout se passe au
« grand jour, et tout le monde est à même de s'é-

« clairer et de pratiquer, car les médiums se trou-
« vent partout.

« La doctrine même qu'enseignent les Esprits
« n'a rien de nouveau; on la trouve par fragments
« chez la plupart des philosophes de l'Inde, de
« l'Egypte et de la Grèce, et tout entière dans
« l'enseignement du Christ. Que vient donc faire
« alors le Spiritisme? Il vient confirmer de nom-
« breux témoignages, démontrer, par des faits,
« des vérités méconnues ou mal comprises, ré-
« tablir dans leur véritable sens celles qui ont été
« mal interprétées. »

« Le Spiritisme n'apprend rien de nouveau,
« c'est vrai; mais n'est-ce rien que de prouver
« d'une manière patente, irrécusable, l'existence
« de l'âme, sa survivance au corps, son indivi-
« dualité après la mort, son immortalité, les pei-
« nes et les récompenses futures? »

. . . .
. . . .

« En résumé, le Spiritisme adoucit l'amertume
« des chagrins de la vie; il calme les désespoirs
« et les agitations de l'âme, dissipe les incertitu-
« des ou les terreurs de l'avenir, arrête la pensée
« d'abréger la vie par le suicide; par cela même
« il rend heureux ceux qui s'en pénètrent, et c'est
« là le grand secret de sa rapide propagation. »

On peut désormais s'assurer qu'il est possible d'entrer en rapport avec ceux qui ont quitté la terre et qu'on appelle improprement les morts.

De nos jours, les travaux de la Société Anglaise des Recherches Psychiques, après 30 années d'examen, démontrent avec certitude qu'il est possible de transmettre la pensée entre vivants.

Ces phénomènes peuvent se traduire par des visions, des auditions ou des impulsions irrésistibles.

Puisque l'âme humaine possède ce pouvoir, elle l'emporte avec elle après la mort, et celui qui reçoit la pensée du désincarné est appelé médium.

Dès lors, ce médium peut être ou médium voyant, ou médium auditif, ou médium typtologue ou écrivain.

Nous renvoyons aux ouvrages spéciaux pour l'étude de ces différents moyens d'investigation.

Le livre que nous offrons aujourd'hui à nos lecteurs — et qui n'est qu'un résumé de communications obtenues au cours de vingt-huit années de recherches — nous donne un exemple des rapports constants qu'on peut entretenir avec ses amis de l'espace lorsqu'on possède de bons médiums et qu'on a le désir sincère de s'instruire sur la vie de l'au-delà.

Nous avons l'honneur et le plaisir de connaître particulièrement l'évocatrice et les médiums

— c'est pourquoi notre confiance est absolue dans la réalité de ces communications, d'un intérêt soutenu et, souvent, d'une grande élévation de pensée.

C'est une causerie familière dans laquelle chacun des interlocuteurs invisibles conserve sa personnalité bien distincte et, sans dogmatiser, exprime son opinion à propos des sujets très variés sur lesquels on l'interroge.

Dans l'ensemble, la doctrine de ces esprits confirme les enseignements généraux reçus un peu partout, mais ils ont cependant des vues bien personnelles et un cachet de spontanéité dans les réponses qui accuse des individualités déjà très évoluées au point de vue moral et intellectuel. Le Spiritisme a tout à gagner à des publications de ce genre, car c'est seulement lorsque nous en posséderons un très grand nombre que la concordance entre toutes ces voix de l'espace nous permettra de poser, d'une manière définitive, les bases de notre connaissance du monde invisible.

Déjà depuis un demi-siècle, nous avons été à même de signaler souvent l'accord remarquable qui existe entre les enseignements des esprits élevés qui se communiquent dans tous les pays, et nous avons pu constater combien les descriptions qui nous sont faites diffèrent des enseignements religieux relatifs à la vie future.

C'est par là que le Spiritisme se distingue de toutes les religions et des philosophies spéculatives: il n'imagine pas — il enregistre purement et simplement les renseignements de ceux qui sont mieux placés que nous pour connaître cette erraticité inaccessible à nos sens et dans laquelle ils vivent.

Les sujets les plus divers ont été abordés. Nous ne connaissons pas, depuis les travaux d'Allan Kardec, d'œuvre plus variée, plus complète, et où les recherches aient été plus méthodiquement conduites.

Les ouvrages résumés ici représentent un labeur considérable poursuivi avec une persévérance digne d'admiration. C'est une véritable collaboration de l'évocatrice et de ses guides qui a pour objet l'éclaircissement des innombrables questions que soulève l'étude de nos rapports avec l'au-delà. On sent, du côté terrestre, une ferme raison décidée à pousser aussi loin que possible l'investigation dans ce domaine inexploré, et, de l'autre, une bonne volonté inlassable qui ne croit pas nécessaire d'adopter un ton pédantesque, bien qu'elle soit, le plus souvent, savante et profonde.

L'aridité des discussions est parfois interrompue par un trait humoristique de l'esprit Roudolphe dont les comparaisons originales sont toujours marquées au coin du plus ferme bon sens, comme lorsqu'il assimile les observateurs maladroits n'ayant pas compris la délicatesse des lois qui régissent les manifestations spirites, à des chercheurs qui voudraient toujours découvrir des vers luisants avec une grosse lanterne à la main.

Le présent livre est divisé en cinq parties: 1° Doctrine; 2° Configuration du Système; 3° Extériorisation; 4° Expériences suivies de quelques Preuves; 5° Vie Terrestre.

Dans la partie intitulée « Configuration du Système », l'Esprit reconnaît que certaines questions sur l'origine des choses lui sont totalement inconnues, et il avoue son ignorance qui est, dit-il, partagée par les esprits terrestres, trop peu évolués pour résoudre un si formidable problème. Cette modestie inspire la confiance plus que ne sauraient le faire des théories prétentieuses et incompréhensibles telles que celles qu'on nous a si souvent servies comme étant le dernir mot de la vérité.

Les guides de Mme de W... ont abordé l'étude des religions avec une grande indépendance intellectuelle. Ils envisagent toutes les questions philosophiques ou religieuses à un point de vue purement rationnel. Depuis longtemps ils ont rejeté les fables dont l'humanité à son berceau a cru nécessaire d'entourer ses grands incarnés. C'est dire qu'ils repoussent les dogmes fabriqués par les hommes, et qu'ils ont peu de respect pour les rêveries théosophiques.

Dans la « Vie Terrestre », beaucoup de sujets actuels, comme « l'homéopathie, la peine de mort, l'éducation des enfants », sont traités d'un point de vue supérieur aux contingences terrestres et témoignent d'une haute raison exempte de tout parti-pris. Rien de mystique dans ces libres pages — une philosophie éclairée par la double compréhension des lois terrestres et spirituelles inspire les réponses.

Et cela est d'autant plus démonstratif que les communications n'émanant pas toujours de la même source, conservent cependant, chacune, leur caractère psychologique bien tranché. C'est là une garantie que le fameux inconscient n'intervient pas ici, car les médiums diffèrent par l'âge, par l'instruction, par le genre de vie, et agissent séparément, ce qui affirme qu'ils n'ont pu réciproquement se suggestionner.

Si l'on veut bien réfléchir à ce fait que ces dictées ont été écrites spontanément à la suite de questions posées sur le champ, on conviendra qu'il est difficile de trouver un meilleur exemple de la médiumnité par l'écriture.

Parmi les preuves de la réalité des intelligences qui se manifestent ainsi, rapportées à la fin du chapitre des expériences, citons-en une entre autres, qui nous paraît tout à fait démonstrative:

Mlle B. F... et mon fils étant à un guéridon, je dis: « *Si vous êtes réellement mon ami Roudolphe, donnez un bon conseil à C... qui n'est pas très bien disposé aujourd'hui.* »

Par les balancements de la table on obtient: (Je lui veux un tendre visage. Nunquam licet imo quum omnes laudant verberare). *Traduction: Il n'est jamais permis de frapper, surtout quand tout le monde loue.*

Quand la phrase latine a commencé, nous avons cru à une erreur de notre part ou à une mystification. Mon fils, reconnaissant que c'était du latin — que, seul de nous trois, il savait — m'a fait signe de continuer à noter les lettres. Il certifie qu'il ne pensait guère à du latin et qu'il aurait construit la phrase autrement.

Pour nous qui connaissons les personnes qui ont obtenu cette communication, nous avons la certitude absolue de leur bonne foi, et l'emploi de cette langue inaccoutumée ne peut être mis sur le compte de la subconscience de M. C..., qui n'aurait sûrement pas employé cette tournure latine, comme il nous l'a affirmé depuis,

Quel réconfort on puise dans la lecture de ces entretiens!

Entrevoir, dès aujourd'hui, le sort que nous réserve la vie d'outre-tombe, c'est soulever un coin du voile opaque que la matière a posé sur notre esprit; c'est nous donner un guide sûr pour diriger notre existence actuelle dans la voie du véritable perfectionnement moral. Savoir, d'une manière certaine, que ceux que nous avons aimés sont encore autour de nous, que leur tendresse nous accompagne pendant notre exil terrestre, qu'ils ne se désintéressent pas de notre vie, est une aide puissante pour supporter les misères, les luttes et les souffrances d'ici-bas. Ces entretiens aideront puissamment à consolider le magnifique monument de cette doctrine si haute et si pure dont la propagation serait si favorable au progrès social et philosophique.

Remercions Mme de W... d'avoir eu le courage de publier et de répandre cet intéressant recueil. Elle en sera récompensée par la certitude d'aider au progrès de l'humanité en faisant connaître et aimer ce monde invisible dans lequel nous devons tous aller un jour.

G. DELANNE,
Ingénieur.

La rédactrice serait désireuse de connaître l'impression produite sur les lecteurs par cet ouvrage et leur fournirait au besoin des renseignements complémentaires. Adresser les lettres à Mme de W. aux soins de M. Henri Durville, Imprimeur-Éditeur, 23, Rue Saint-Merri, Paris IVe.

(Au moment où cet ouvrage peut enfin être livré à l'impression, après un long retard causé par les tristes circonstances actuelles, nous trouvons, dans le nº de janvier 1916 des Annales psychiques, l'importante déclaration suivante du célèbre physicien anglais Sir O. Lodge:)

«... Une fois que nous avons constaté que la conscience est quelque chose en dehors du mécanisme qu'elle emploie, nous constatons, en même temps, que la survie est la chose la plus simple et la plus naturelle. Nous continuerons certainement à exister après la mort.

Pourquoi vous dis-je cela? Je le dis à un point de vue nettement scientifique. Je le dis parce que je sais que certains de mes amis décédés existent encore, puisque j'ai causé avec eux

La communication est possible; mais on ne peut qu'obéir aux lois, en cherchant d'abord les conditions. Je ne dis point que cela est aisé, mais cela est possible; j'ai conversé avec mes amis défunts exactement comme je pourrais causer avec une personne quelconque, dans cet auditoire. Etant des hommes de science, ces amis ont fourni la preuve de leur identité, la preuve qu'ils étaient eux réellement, et non point quelque personnification ou quelque autre chose émanant de moi-même.

Nous nous occupons de publier quelques-unes de ces preuves; plusieurs autres seront mises de côté pour un certain temps, mais seront publiées plus tard.

Je vous dis avec toute la force de la conviction dont je suis capable, que nous persistons après la mort, que les défunts continuent de s'intéresser à ce qui se passe sur la terre, et qu'ils savent beaucoup plus de choses à ce sujet que nous n'en savons nous-mêmes; enfin, ils sont à même, de temps en temps, de communiquer avec nous.

Je sais bien que c'est là une affirmation très grave, une conclusion très grave; je pense que personne parmi nous — moi pas plus que les autres — ne se fait une idée adéquate de l'importance de cette conclusion. Je sais que d'autres hommes de science partagent mon opinion, ainsi que beaucoup de personnes qui ne sont pas des hommes de science. Un grand nombre d'autres n'ont pas encore fait d'investigations à ce sujet. Cependant, si un homme consacre trente ou quarante ans de son existence à ces recherches, il a droit d'affirmer le résultat auquel il est parvenu. Il vous faut des preuves, naturellement. Ces preuves sont enregistrées dans les volumes d'une Société scientifique, et elles augmenteront encore en nombre. »

PRÉFACE

Les pages qui suivent sont des enseignements obtenus, pour la plus grande partie, au moyen de l'écriture mécanique, par Mmes de W... et R..., par Mme T..., médium voyant, par Mme M..., médium typtologue, et par Mlle Z..., dont la médiumnité se traduit tantôt par des coups frappés, tantôt par l'écriture mécanique et l'écriture directe.

Comme on le verra, nous avons groupé par chapitres les instructions se rapportant à un même objet et datant parfois d'époques très différentes.

Ce travail de cohésion a, d'ailleurs, été entrepris sous la direction de nos deux interlocuteurs habituels qui ont eux-mêmes intercalé les lignes nécessaires à l'homogénéité de l'ensemble.

Il est à remarquer que l'écriture dont il s'agit est beaucoup plus rapide que l'écriture ordinaire, et mécanique à ce point que les médiums, nullement entrancées, sont souvent obligées de se faire écrire plusieurs fois le même mot avant de pouvoir le déchiffrer.

Cette écriture a été obtenue tantôt par une seule personne, tantôt par la superposition des mains de deux personnes tenant alternativement le crayon.

Les demandes et réponses, en forme de conversation, pourront quelquefois sembler un peu étranges et familières, surtout à ceux qui pensent que la minute appelée mort suffit à transformer entièrement la personnalité de ceux que nous voyons disparaître, mais nous avons tenu à n'y rien changer, ne voulant pas dénaturer en quoi que ce soit le cachet d'originalité qui les caractérise.

A la fin du chapitre des expériences, nous avons relaté quelques-unes des preuves que nous avons obtenues et qui nous semblent irréfutables, mais nous pensons que la meilleure de toutes ces preuves est celle qui se déduit, ici, du style bien personnel aux Esprits qu'on retrouve avec les uns et les autres des médiums ayant collaboré à ce volume.

Il est facile, en effet, de se rendre compte de l'impossibilité d'une imitation aussi spontanée et soutenue par des personnes si différentes à tous égards les unes des autres que le sont ces médiums.

Il a été transcrit un exemplaire de ce volume d'après le système Braille pour les aveugles, et on peut l'avoir en lecture à la librairie LEYMARIE, 42, rue Saint-Jacques, Paris.

Ceux qui nous Quittent

DOCTRINE

(DIVERS)

Le sentiment religieux est-il inné chez l'homme?

C. R. — Oui, la tendance à la religion est un vague souvenir de l'au-delà, et une intuition faisant partie de la nature de l'homme, parce qu'il sait qu'il y a quelque chose en dehors de la terre.

Tout homme qui progresse tend à se souvenir de l'au-delà, et ses croyances sont toutes des réminiscences extra-terrestres.

Lorsque ces croyances appartiennent à un homme peu évolué, elles se matérialisent par l'incarnation et s'affirment par une tendance à déifier la matière et les éléments.

Plus ces souvenirs font partie d'un périsprit élevé, plus la religion devient idéaliste et rationnelle, parce que l'esprit dominant la matière, se rend mieux compte de la vérité résidant sur le plan erratique qu'il a quitté.

Comment se fait-il que les races primitives se soient montrées supérieures à ce qu'elles auraient dû être, en apparence?

R. L. — C'est que, dans ce temps, il y a eu l'incarnation de grands Esprits très éclairés et très expérimentés qui sont venus enseigner leur science aux hommes primitifs.

Malheureusement, l'instruction n'étant pas généralisée à cette époque reculée, on a perdu cette tradition réservée à ceux qui avaient été directement instruits et dont ceux-ci avaient fait trop de mystère.

Les grands philosophes et penseurs grecs, comme Pythagore, Platon, Aristote, étaient très inspirés, médiums eux-mêmes, et en rapport avec des instructeurs de l'au-delà.

Les théosophes ont donc raison de dire celà?

Oui, mais ils ont fait comme les catholiques avec la religion — ils ont brodé et encombré le texte.

Les documents existent, mais ils sont très bourrés de fables par ceux qui les ont écrits, et tout cela a été encore allongé par les théosophes.

On travestit tout et, certes, les premiers enseignements ont été très travestis par ceux mêmes qui les ont transmis aux générations.

Platon, Socrate, etc..., étaient de grands Esprits, mais ils ont éclairé une seule partie du monde qui était l'Orient — il a donc fallu que le reste de la terre, pour progresser aussi, reçoive également des instructions.

Pourquoi les anciens, et en particulier les personnages de la Bible, avaient-ils beaucoup plus de phénomènes que nous?

C. R. — Parce qu'ils avaient des facultés naturelles beaucoup plus développées et qu'ils n'avaient pas même besoin de désirer un phénomène pour qu'il se produise — d'où un intérêt très grand pour tout ce qui touche à l'au-delà.

Mais pourquoi avaient-ils ces facultés si développées?

Pour plusieurs raisons: d'abord le climat, puis la jeunesse de la terre qui leur donnait des fluides plus puissants, puis l'insouciance des besoins matériels, l'entraînement, et, enfin, la transmission des facultés par l'hérédité, parce que les parents vivant dans cette pensée constante, façonnaient le périsprit de leurs enfants.

Puis, dans nos pays, il est nécessaire de se préoccuper de la vie matérielle, tandis qu'en Orient, où la température est chaude, où la nourriture devient moins nécessaire et moins abondante, c'est plus facile de se désintéresser de la matière.

Où ceux que vous dites avoir connu le spiritisme dans une autre existence, l'ont-ils connu, puisque le spiritisme n'existe que depuis cinquante ans?.....

Ici, le spiritisme a été baptisé vers 1840, mais il existait bien avant cette date dans l'Inde, en Egypte, en Grèce, dans l'Asie-Mineure et dans le monde entier.

Les phénomènes spirites ont toujours existé — les pythonisses, les oracles, les prophètes, les faits inexpliqués du Nouveau Testament étaient des phénomènes spirites.

Ces choses sont plus connues dans le tout ancien monde parce que le climat y porte, et aussi à cause des médiums très convaincus et qui, vivant dans le recueillement, s'entraînent au développement de leurs facultés.

La vérité est donc bien venue de l'Orient?

Oui. Le soleil se lève à l'Orient, et le soleil de la civilisation s'est aussi levé de ce côté. Mais, ceux qui connaissaient ces choses ont fait ensuite des dogmes absurdes, tout comme les chrétiens en ont fait en dénaturant les préceptes du Christ qui était un puissant médium.

On a donc dénaturé le spiritisme?

Oui. Puisque les prophètes étaient des médiums qui agissaient par intuition et qui faisaient du spiritisme, vous voyez que le spiritisme a toujours existé, mais qu'on ne savait pas ce que c'était, et qu'un Esprit qui a vécu il y a des siècles peut avoir vu des revenants, avoir entendu des bruits, et n'avoir appris que plus tard, dans l'erraticité, à quoi ces phénomènes étaient dûs.

DOCTRINE

Les faits spirites nous aident-ils à comprendre sous quelle forme Moïse recevait la parole de Dieu?

R. L. — Oui, parfaitement.

Moïse était un grand médium et, si on le disait initié, c'est qu'il connaissait la manière de communiquer avec l'au-delà.

A-t-on raison de dire que « les oracles de la Bible n'ont été que des dictées spirites? que les sages et les messagers célestes n'ont été qu'une manière expressive de représenter l'inspiration des prophètes et des médiums »?

Oui.

Le Saint des Saints était-il un cabinet médianimique, avec sa table parlante et ses rideaux, et les ordonnances relatives à ce cabinet noir ont-elles été promulguées par Moïse sur le Sinaï?...

Oui — nous approuvons tout à fait, et nous affirmons que ce sont là les seuls enseignements secrets.

Je lis que Jésus a eu pour père un Esprit de l'astral, une entité de l'espace, un génie, un dieu, et non un terrien?...

C. R. — Jésus est né comme tous les hommes.

On dit que Jésus a voulu aider les hommes à

racheter leurs fautes par une expiation imméritée?.....

Tout cela est faux.

Jésus était un Esprit très élevé, très avancé, qui a apporté des idées nouvelles et généreuses tellement en désaccord avec ce qui existait, qu'on l'a regardé comme un révolutionnaire, et mis à mort avec la cruauté de cette époque peu avancée.

Cette mission accomplie, il avait fait faire un grand progrès à l'humanité, et a dépassé les sphères ordinaires pour s'élever encore.

Il évoluait donc?

Oui.

Il n'était pas question pour lui d'entrer dans un Nirvana?...

Oh! non.
On a toujours à progresser.
Jésus pouvait se dispenser de venir progresser sur terre, mais le monde avait besoin d'un grand Esprit, et c'est lui qui a accepté de venir.

Y a-t-il vraiment des sphères de contemplation?

Non — on progresse éternellement.

N'y a-t-il pas cependant un point où on n'a plus à progresser?

On ne travaille plus à sa progression, mais on affine sa perfection.

On a parlé de plusieurs Christs nés d'une vierge, etc...?

Oh! ceci, c'est de la légende.

La vérité est que le Christ a existé, mais non comme fils d'une vierge mère.

Il est né comme tous les hommes, mais, justement, les messies, les grands initiés ayant été plusieurs et étant venus à une époque où on aimait à entourer tout événement de mystère, on n'a pas hésité à suivre l'exemple des païens, et à emprunter à la mythologie des légendes, croyant que cela était nécessaire à la gloire du grand incarné.

Cette légende s'est poursuivie à travers les siècles et on en a affublé tous ceux qui sont venus comme des précurseurs, et qui, par leur vie, par leur morale, par les changements et le progrès qu'ils apportaient en réformant l'humanité, se distinguaient des autres hommes, et avaient, à leur suite, des disciples chargés de propager leur doctrine.

Il me semble que les deux personnages de la Vierge et du Christ grandissent de valeur si l'on rétablit la vérité, car le Christ n'a eu aucun mérite à être le Christ s'il était Dieu, et que, par sa volonté, il ait pu accomplir des choses au-dessus des forces humaines.

Quant à la Vierge, si l'on admet que tout être incarné est entaché du péché originel, et, grâce à lui, ne peut être qu'un pécheur, on n'a plus aucune admiration à donner à la créature qui, par exception, aura été exempte de cette tache et mise au-dessus des autres femmes.

Mais si, au contraire, tous deux sont de simples humains, alors oui, on peut les admirer.

(Je dis qu'il me semble un peu enfantin à Myers de finir son livre sur la Personnalité humaine *en disant que, dans un siècle, tout le monde croira à la résurrection du Christ!... Charles répond:)*

Moi, je trouve cette fin parfaite.

C'est un grand point de baser la croyance non seulement sur les découvertes présentes, mais aussi sur les faits passés!...

Au lieu de rejeter toutes les religions anciennes comme autant de mensonges, on y trouve la preuve du spiritisme en rapprochant des événements pris çà et là qui l'affirment.

Si tout ce passé devait être considéré comme un tissu de mensonges, vos détracteurs auraient le droit de vous dire:

« Vous prétendez tenir la vérité et vous affirmez que vos pères ne connaissaient que l'erreur alors qu'eux aussi se croyaient en possession de l'unique vérité — cependant, des croyances antiques, il ne reste rien, et les vôtres s'en iront aussi en fumée lorsque surgiront d'autres hypothèses tout aussi fausses. »

Tandis que, si vous pouvez montrer qu'à des époques diverses, dans tous les lieux de l'univers, toutes les formes de religion ont eu des points communs, et que ces points sont précisément du domaine spirite, vous affirmez une croyance aussi ancienne que le monde et qui, naissant aux antipodes, sous des formes différentes mais avec le même fond, prouve que la vérité suprême nous est toujours venue de l'au-delà.

La matérialisation affirme la possibilité de ce que les anciens ont appelé la résurrection, le Christ étant un grand Esprit et un grand médium.

Pourquoi est-ce que, tandis que les catholiques adorent surtout la Vierge, les protestants Jésus, les gnostiques et les cathares le Saint-Esprit, Dieu le Père est relégué dans son Olympe désert?...

Parce que Dieu le Père n'a pas pu revêtir la forme vue de tous, celle de l'être cotoyé par les humains, et aimé par eux très spirituellement, mais aussi très humainement.

DOCTRINE

(OCCULTISTES & THÉOSOPHES)

Quelle différence y a-t-il entre le Spiritisme et l'Occultisme?

R. L. — Le Spiritisme est la communication avec les Esprits grâce à des personnages que la médecine appelle hystériques, que la foule traite d'êtres bizarres, et auxquels nous autres donnons le nom de médiums.

Ce n'est pas leur faute, à ces pauvres parias de la science exacte, s'ils ont des sens mâtinés qui tiennent de la terre et de l'au-delà, et si, malgré eux, ils s'en vont en des régions fermées pour les autres, s'ils prêtent aux Esprits leurs forces, et s'ils servent d'appareils téléphoniques entre les deux mondes.....

L'Occultisme, c'est la communication non seulement entre ces deux mondes, mais encore entre ce monde-ci et les forces ambiantes disséminées tout autour de nous.

Les occultistes ne sont pas occultistes comme les médiums sont médiums, c'est-à-dire malgré eux — tout le monde ne peut pas devenir médium, mais tout le monde peut devenir mage.

Il s'agit, pour celà, d'avoir une grande volonté qui est l'alambic dans lequel se fondent toutes les forces dont je viens de parler et qui, une fois amalgamées, sont la puissance de l'occultiste.

Celui-ci remplace alors les fluides médianimiques naturels par cet ensemble de forces accumulées qui agissent comme un mécanisme puissant non seulement sur les incarnés, même à distance, mais encore sur toute une catégorie d'Esprits, pas mauvais, mais seulement un peu inférieurs, qui, venant augmenter ces forces, font à l'occultiste une sorte d'échelle pour arriver aux communications avec les plus évolués.

Les communications n'arrivant pas directement d'Esprit à incarné, sont reçues, non pas comme dans le spiritisme, par l'écriture ou les moyens physiques, mais surtout par la vision et l'intuition.

La différence est donc dans les moyens employés — le médium est naturellement en communication avec les Esprits, et l'occultiste peut arriver à y être, après de très longs mois de volonté et de prière, mais il n'y est pas de la même façon. C'est toujours par son cerveau que se transmettent les messages: intuition, vision, double-vue, acquises par la méditation et la volonté concentrée.

Dans tous les cas, le grand, l'unique moteur de

l'occultisme, c'est la volonté — et la prière qui est une sorte de volonté — traversant l'espace et s'unissant, comme par une chaîne fluidique, aux pouvoirs de l'au-delà.

Sans volonté, point d'occultisme ni de magie.

Qu'est-ce positivement que la Magie?

C. R. — Le principe est d'augmenter ses forces propres par l'adjonction des forces qu'on puise dans les environs de la terre pour s'en servir comme d'une ambiance puissante.

Peut-on dire que « La magie se borne entièrement à l'application et à l'imitation des lois de la nature »?

Oui, mais on altère un peu la signification du mot magie.

Magie ne veut pas dire seulement phénomènes obtenus par des forces inférieures, mais tous les phénomènes sollicités et pour lesquels on extériorise ses forces en se mettant dans les conditions physiques et psychiques voulues.

Plus on recherche les phénomènes physiques et plus on fait de la magie — il n'y a absolument que les visions d'un médium, la perception des souffles, l'audition, etc..., qui n'en soient pas, parce qu'il n'y a pas un ensemble de préparations.

Les phénomènes qui viennent directement des Esprits ne sont pas magiques — tous ceux pour lesquels il faut se servir d'objets, se mettre dans de certaines conditions, matérialiser les Esprits ou leurs forces, sont magiques.

Peut-on dire qu'il y a magie où il y a volonté de l'homme?

Oui.

Que sont ces élémentaux dont on prétend que les mages peuvent se servir?

Ce sont des forces un peu matérialisées, tout comme se matérialisent la pensée et la volonté.

Quel est le danger que courent ceux qui s'en servent s'ils en ignorent le maniement?

L'homme qui se sert sans précaution des élémentaux court le danger de se les attacher vigoureusement et de ne plus pouvoir s'en libérer.

Ceux qui les appellent renforcent leur vie par la volonté de se les asservir, et ils deviennent comme ces indiscrets insipides dont on ne sait plus comment se débarrasser.

Ce danger est, en effet, très grand, car il peut engendrer la folie.

———

Voulez-vous me dire quelle différence vous voyez entre les occultistes et les théosophes? tous s'appuient sur la tradition?...

R. L. — Oui, mais ces traditions ont bifurqué considérablement.

Les uns sont restés dans la seule doctrine, et les autres ont cherché à se mettre en rapport avec les disparus et à se faire aider par ces êtres auxquels ils attribuaient une puissance mystique — c'est ce qui a donné lieu aux premiers essais de magie et d'envoûtement.

Tandis que les théosophes se berçaient de rêveries et de mystères, les occultistes cherchaient à s'unir aux désincarnés pour servir leurs idées de vengeance — car, avant Allan Kardec, on ignorait le bien qu'on pouvait tirer de ce commerce avec les Esprits. On ne savait rien de la progression des âmes et on n'appelait les morts que lorsqu'il était nécessaire de se procurer leur appui pour quelque mission ténébreuse.

Ce n'est que plus tard qu'on a appris, par la doctrine spirite, à séparer les bons des mauvais Esprits, et qu'on a compris que le devoir de tout incarné est de converser avec les bons, pour chercher à se perfectionner par la connaissance d'un peu plus de vérité que nous n'en possédons dans ce triste monde.

Comment se peut-il que des spirites deviennent théosophes?

Comme il y a quelques points de contact entre les deux doctrines, ils commencent par s'appuyer là-dessus, puis, peu à peu, ils tournent vers la théosophie, séduits par l'appât de ce qui est compliqué et incompréhensible.

En rencontrant ces choses difficiles, on est ravi, parce qu'on croit nager en pleine science, tandis qu'on ne fait que barbotter dans la mare.

Nous préférons les occultistes aux théosophes— ils sont plus sages et moins orgueilleux.

On peut être occultiste et être cependant bon spirite — il s'agit seulement de laisser la magie de côté et de s'intéresser plus aux bons Esprits qu'aux mauvais — tandis que les théosophes ne seront jamais des spirites, parce qu'ils regardent les spirites comme bien au-dessous d'eux.

Ils prétendent que les théosophes ont été des spirites et que nous arriverons à être théosophes?

Comme leur croyance est tout autre que celle des spirites, ce n'est pas une progression qu'il faudrait, mais bien une renégation.

La théosophie est une mode qui passera, tandis que le spiritisme est un fond qui servira toujours de base à toutes les bifurcations spiritualistes.

Je viens de lire un article de la Fronde *dans lequel on préconise soi-disant le spiritisme en prétendant que la théosophie ne peut convenir qu'à une élite... que pensez-vous de cette manière de s'y prendre?*

C. R. — Que voulez-vous? la meilleure manière d'expliquer une chose incompréhensible, c'est de faire croire au monde entier qu'il faut être des individus tout à fait spéciaux et remarquables pour en faire l'étude.

Mais les spirites ne sont nullement d'accord entre eux!...

Savez-vous pourquoi? parce qu'ils sont du côté de la vérité.

Je vous ferai à ce sujet une comparaison:

Mettez en regard la science d'un côté, la religion de l'autre. Du côté de la science, vous trouverez des gens qui se chamaillent et ne sont jamais d'accord. Du côté de la religion absurde, vous trouverez toute une foule qui ne discute pas et courbe la tête sans chercher à comprendre.

M. G... dit que « *c'est aux mages thibétains et aux théosophes, qui en sont les disciples, qu'est dû, dans sa généralité, le réveil magnifique qui, dès le milieu du XIX⁰ siècle, a caractérisé le spiritualisme moderne...* » ?

C'est exactement le contraire qui est vrai.

Sans les expériences et les phénomènes prohibés par la théosophie, il n'y aurait jamais eu de spiritisme.

Ce n'est pas la théosophie qui a fait découvrir le spiritisme — ce sont les phénomènes spirites qui ont fait découvrir les rapports des Esprits avec les vivants.

Cela a été suivi des enseignements des Esprits qui, groupés, ont donné un commencement de doctrine, et, une fois ces bases posées, on s'est aperçu que cette doctrine ressemblait aux anciennes religions de l'Inde, puisqu'elles aussi enseignaient la réincarnation et d'autres points communs entre ces doctrinaires qui, aujourd'hui, sont devenus antagonistes.

Ce que soutiennent les théosophes, que les vies

malheureuses ont été fatalement méritées, est en désaccord avec vos assertions?

R. L. — Absolument.

La vérité est que beaucoup d'êtres malheureux le sont parce que, en raison de leur avancement, ils savent que la souffrance est un des grands moyens de l'évolution, et ils ont éprouvé le besoin de franchir d'un seul coup les étapes qui leur restent à faire — leur âme courageuse a choisi l'épreuve pour finir, une fois pour toutes, la migration terrestre. Tandis que les êtres inférieurs sont poussés dans l'incarnation par leurs guides, arrivés à un certain degré d'évolution, nous choisissons notre existence — nous savons qu'il faut avancer, et nous avançons plus ou moins vite, selon que nous sommes plus ou moins pressés.

Les Esprits guides nous font entrevoir quelques incarnations et nous engagent à prendre la plus dure, mais nous sommes libres de choisir l'une ou l'autre.

On prétend que la théosophie est en progrès?...

C. R. — Non, la théosophie n'est pas en progrès. Ce qui progresse évidemment, c'est l'ensemble des idées psychiques. A l'heure actuelle, presque tout le monde a fait évoluer sa propre religion vers une croyance anti-dogmatique, et s'en est confectionné une mixte qui doit, à un moment donné, devenir du spiritisme, de l'occultisme ou de la théosophie. Mais ces deux dernières branches n'offrent pas un contrôle assez sérieux pour pouvoir subsister, et le seul avenir existant est celui du spiritisme, sans lequel, du reste, ni l'occultisme ni la théosophie ne seraient!...

Ceux qui ont des dispositions aux rêveries s'en fatiguent toujours à un moment donné, parce que l'homme possède un fond de logique qu'il peut écarter, mais non détruire, et que cette sagesse cachée en lui réclame ses droits, lorsque le cerveau est las des choses creuses dont il a été alimenté.

La théosophie et l'occultisme sont-ils, comme le dit le Dr Geley, des restes de religions qui ne peuvent encore disparaître?

Oui — ces gens veulent secouer un dogme, et la vieille habitude est tellement ancrée qu'elle les fait retomber dans un autre.

DOCTRINE

(SPIRITISME)

L'Echo du Merveilleux attribue à Sardou la conception du spiritisme!

C. R. — Et l'Antiquité, qu'en fait-on? Et les apparitions — et les médiums du Moyen Age?
Tous ceux-là ne comptent pas, alors?
Ils ont pourtant été les promoteurs du mouvement spirite, qui s'est effectué longtemps après.

M. Lancelin dit que le spiritisme, l'occultisme et la théosophie finiront par former un tout qu'on admettra?...

Le spiritisme est une force unique, bien individuelle. Il est *un* et n'a pas besoin de se compléter par les complications d'à côté—il comprend tout.

Que fallait-il répondre à l'ergoteur qui disait que le spiritisme est trop simple pour qu'on puisse le croire vrai?

Que son cerveau est encombré de trop de complications pour saisir la simplicité. Peu, parmi les brouillards et les brumes du complexe, savent la comprendre.

Etre disciple du simple, c'est rayonner déjà dans le monde où tout est vérité.

M. Flournoy trouve que, par sa philosophie simpliste, le spiritisme est assez bien adapté aux besoins de la masse?...

Oui — c'est une masse qui est appelée à renverser l'élite, car ce sont les masses qui font les révolutions.

A ceux qui disent qu'il est permis de ne pas tenir compte des théories d'origine spirite, il faut répondre qu'il est bien présomptueux de croire pouvoir tirer du cerveau humain une théorie plus rationnelle.

Quant aux divergences qu'on se plaît à trouver entre les communications de quelques-uns d'entre nous, il faut bien vous mettre ceci en tête:

Tant que vous ferez à des Esprits des questions philosophiques, des questions sur l'au-delà et sur toutes ces choses qui sont des vérités et que, tous, nous savons, tout Esprit, par n'importe quel médium, vous fera la même réponse — c'est même cela qui a établi la croyance spirite — mais, si vous nous faites des questions, soit de physique, soit de médecine, soit de toute autre nature, si vous nous demandez des conseils, apprêtez-vous à trouver chez nous des opinions et des systèmes différents, car nous conservons notre personnalité, nous nous faisons un jugement, nous apprécions différemment les cas, et nous ne pouvons avoir une uniformité d'avis.

Pensez-vous, comme je ne sais quel savant, que « nos sciences naturelles peuvent s'adapter à tout, et digéreraient sans difficulté même les Esprits des spirites, le jour où elles seraient forcées de les admettre »?

Certainement. La science naturelle n'a rien d'incompatible avec la théorie spirite—il y aurait simplement à en pousser l'étude un peu plus loin pour se convaincre de l'existence de l'âme chez tout ce qui vit.

Nos conceptions fondamentales concernant l'univers physique et le spiritisme ne s'infirment pas mutuellement—le jour où on aura découvert la chimie du plan spirituel ou plan astral, et où on l'aura comparée à la chimie du périsprit, on constatera l'existence double des êtres, et la continuation de la vie grâce à une matière différente se mouvant dans une ambiance appropriée.

Mr M... traite le spiritisme de religion!...

Le spiritisme n'est pas une religion, mais c'est en lui qu'on trouve la preuve de la vie future qui, elle, est à la base de toutes les religions.

Ne trouvez-vous pas que, si on fait du spiritisme une religion, il perd toute sa raison d'être?

C'est absolument notre avis: Nous sommes une science et non une utopie religieuse que chacun interprète selon son tempérament, ses tendances et son mysticisme.

Croyez-vous que, de même que la religion cherche à se mettre d'accord avec la science, elle se mettra d'accord avec le spiritisme?

R. L. — Toutes les religions arriveront à élaguer les adjonctions fâcheuses pour ne conserver que les points communs qui appartiennent au spiritisme, et ont servi de thème sur lequel on a brodé selon les croyances.
Généralement, lorsqu'un catholique, protestant, ou autre, commence à songer au spiritisme, il accommode les deux philosophies, parce qu'il trouve des points communs aux deux.
Peu à peu, il interprète différemment les paroles évangéliques et les dogmes, et bientôt il a complètement changé ses opinions philosophiques — c'est pourquoi on peut très bien être catholique ou protestant et être en train de devenir spirite, et, durant ces débuts, on se croit à la fois religieux et spirite — et on l'est puisqu'on refait son éducation — tandis qu'on ne peut être à la fois néantiste, ou matérialiste, et spirite.

On nous oppose toujours les matérialistes — je n'y crois pas, aux matérialistes!

R. L. — Ils paraissent cependant encore assez nombreux.

Ce sont ceux qui n'ont pas réfléchi?

Oui — vous avez raison de dire qu'il est plus

facile d'élever l'âme d'un matérialiste que de changer les idées d'un ultra-catholique: le premier est vide et le second ne l'est pas. Il ne peut pas raisonner puisque cela lui est défendu. C'est, du reste, ce qui fait la force de l'Eglise romaine, cette défense absolue de tout raisonnement et de toute philosophie serrée.

On ne doit donc pas dire que le matérialisme aille grandissant?...

Non, ce n'est pas exact.
Le vrai matérialiste n'existe pas — celui qui paraît tel est un être qui cherche à se persuader de la fin de tout pour n'avoir pas à expier ses erreurs, mais, au fond de lui-même, il croit, sans pouvoir donner une forme précise à sa croyance.

Aussi est-il attiré vers les idées spirites qui, seules, sont rationnelles et véritables.

Je ne suis pas de l'avis de ceux qui disent que le matérialisme progresse — je crois, au contraire, que jamais il n'a été aussi battu en brèche par la science, sous forme d'expériences magnétiques, de télépathie, de spiritisme.

Admettre que l'être matériel possède un double invisible qui est souvent indépendant du corps matériel et agit à son insu, c'est presque avouer que cet être n'est pas indéfiniment fixé dans la matière et que, s'il l'habite momentanément, ce n'est que par une concession faite à la matière et à l'incarnation, mais que sa vraie patrie est l'au-delà, champ invisible pour vous. C'est être prêt à comprendre que ce corps astral ne se sent réellement lui-même que quand il quitte l'enveloppe charnelle soit momentanément, comme dans les expériences magnétiques et spirites, soit définitivement comme dans la désincarnation.

———

Que pensez-vous de ce qu'on dit, que nous manquons encore de preuves de la réincarnation?

C. R. — Nous pensons qu'on aura de la peine à avoir des preuves palpables, puisqu'on se souvient peu de ses existences antérieures. Cependant, on en aura parce que, en ce moment, c'est ce à quoi nous désirons arriver et ce que nous tentons de faire.

Nous espérons faire suivre des Esprits dans leurs réincarnations. Nous croyons que, bientôt, des Esprits pourront dire à leurs médiums: « Je vais me réincarner dans telle famille, je naîtrai à telle époque, dans tel sexe, j'embrasserai telle carrière, mes aptitudes seront de telle nature, etc.»

Seulement, il faudra quelques années pour suivre l'Esprit. Jusqu'ici, nous avons un peu négligé cette preuve parce que nous jugions qu'elle avait été suffisamment donnée par les existences successives du Christ et de plusieurs personnages bibliques.

Comment sait-on les diverses existences du Christ?

Par les traditions.

Cela, c'est le moyen des théosophes!

Oh! oh! c'est bien différent—c'est de l'histoire que je vous offre.

Vous êtes bien sûr que le Christ a existé?

Oh! oui, c'est absolument certain.
C'était nécessaire.
Songez qu'à cette époque on avait besoin d'avancer, et il fallait, à la tête du progrès, un incarné très au-dessus des autres.

Aujourd'hui, le progrès va se faire par le spiritisme, et on n'a plus besoin d'un seul être puisque vous êtes des milliers de médiums, ayant entre vos mains la preuve de l'immortalité et de la nécessité d'être bon.

Pourquoi le spiritisme ne pouvait-il rien alors?

Le côté terrien était trop primitif au point de vue scientifique, et le petit nombre d'êtres avancés était trop restreint pour pouvoir donner un fort coup d'épaule.

Aujourd'hui, les êtres capables de suivre la progression — les civilisés — sont si nombreux qu'il faut des légions de médiums et de spirites avancés pour faire progresser toutes les parties du monde, et c'est pourquoi les médiums surgissent de partout et de tous les pays — que ferait un seul homme là où il en faudrait des milliers?...

Les humains ont donc fait des progrès?

Certes oui, ils en ont fait.

Nous sommes à la veille d'une grande poussée, et c'est le spiritisme qui la donnera.

Est-il vrai que, si Jésus avait cru aux réincarnations, il en aurait fait l'objet d'un enseignement particulier?

Jésus n'a donné aucun développement sur les sujets ébauchés par lui — il n'y a donc aucune raison pour qu'il ait fait un enseignement spécial sur la réincarnation. La génération à laquelle il s'adressait n'était pas avancée, et le seul enseignement à donner aux humains de cette époque reculée était de les engager à être bons et charitables, d'abord, parce que c'est le point de départ de toute la perfection.

Son enseignement a été purement moral et non dogmatique — il a prononcé des paroles qui préparaient à la croyance à la réincarnation, mais ces paroles pouvaient être interprétées un peu différemment, parce qu'elles étaient vagues.

Cependant, elles ne laissaient aucun doute, et Jésus savait que, lorsque les hommes seraient plus avancés, ils pourraient s'appuyer sur elles pour croire à la réincarnation

Le Dr Geley a donc raison de dire qu'il faut être avancé pour croire à la réincarnation?

Oui, parfaitement, parce que les non évolués seraient effrayés d'avoir à recommencer, ou bien ils ne comprendraient pas l'intérêt que peut avoir une âme à avancer rapidement, et, sachant qu'ils pourraient revenir se perfectionner, ils ne feraient aucun effort pour progresser.

Les âmes frustes ont besoin d'avoir la crainte du châtiment immédiat, et de ne pas savoir qu'elles arriveront quand même — que ce n'est qu'une question de temps.

La raison des divergences d'opinions parmi les Esprits sur la réincarnation est-elle dans ce fait que les Esprits inférieurs ne se souviennent pas de leurs existences antérieures à la dernière?

La vérité est qu'on ne se souvient de ses réincarnations qu'à un certain degré d'évolution et après un certain temps, en sorte que ceux qui, regrettant la terre, s'acharnent à rôder à sa surface, n'ont aucune connaissance de leurs vies précédentes — ils ne commencent à les percevoir que lorsqu'ils abandonnent l'influence terrestre pour aller s'instruire dans la sphère où sont conservés les souvenirs antérieurs.

La croyance à la réincarnation remonte à une si haute antiquité qu'on ne peut saper ce principe qui est l'essence même de la justice et la raison du spiritisme.

Sans la réincarnation, pourquoi les inégalités d'intelligence et de situation?.....

Mais il est bon d'ajouter ceci, c'est que, parmi les Esprits qui n'enseignent pas la réincarnation sur terre, il n'en est pas un qui ne convienne qu'elle a lieu sur d'autres planètes — par conséquent, ce n'est qu'une subtilité, et il n'est pas du tout étonnant que, chaque fois qu'un Esprit se trouve en face d'un interlocuteur très effrayé de devoir revenir ici-bas, ou se croyant trop parfait pour cela, il adoucisse pour lui cette vérité en lui parlant d'autres planètes dont les incarnés ne peuvent redouter les rigueurs puisqu'ils ne les connaissent pas.

Si nous partons de l'idée d'une vie unique, nous ne pouvons pas admettre que l'homme qui travaille à son progrès puisse le parfaire en cette seule incarnation !

Quand vient pour lui l'heure finale, il regarde en arrière avec fatigue et regret, sentant qu'il n'a fait qu'ébaucher son perfectionnement et que d'autres incarnations lui seront nécessaires pour en atteindre l'apogée.

Et, par le fait, il est bien naturel d'être fatigué lorsqu'on touche à la désincarnation — on sent qu'on n'a pas achevé sa tâche, mais on a conscience aussi de l'impossibilité dans laquelle on se trouverait de lutter encore sans avoir eu, entre deux étapes, le repos erratique si nécessaire à toute âme. La lassitude interrompt forcément l'évolution, et la trêve de la désincarnation est aussi utile à l'homme que la trêve de sa vie incarnée qui consiste à dormir ou à prendre des vacances.

———

Comment peut-on savoir qui est mûr, pour lui parler spiritisme ?

R. L. — Du moment où on est mûr pour une vérité, on commence à en avoir des intuitions sans savoir pourquoi.

C'est ainsi que beaucoup de gens qui disent ne croire à aucune religion, et qui ne sont nullement instruits du spiritisme, découvrent que, dans leur for intérieur, ils ont des tendances à croire qu'on se réincarne, à croire à des influences étrangères à la terre, etc..., si bien que, le jour où vous leur parlez spiritisme, ils commencent par se récrier, puis, à mesure que vous parlez, ils vous disent: « Mais, moi aussi, je crois cela, et, pourtant, je ne suis pas spirite ! »

Enfin, voyant qu'ils sont spirites sans le savoir, ils arrivent facilement à le devenir avec connaissance de cause.

Tous les humains ont bien connu le spiritisme dans l'erraticité?

C. R. — Oui, mais on rapporte, avec son périsprit, surtout les facultés concentrées dans ce périsprit et acquises pendant l'incarnation précédente. La nature humaine que vous prenez en incarnation s'allie beaucoup mieux au périsprit, qui est la partie impondérable de la matière et qui a été façonné par les incarnations, qu'elle ne s'allie avec l'état différent que nous possédons comme Esprits.

Notre périsprit étant une chose mixte, se plie aux exigences de la situation — il se matérialise en incarnation et s'éthérise dans l'au-delà, mais notre personnalité très différente de ce que nous étions sur terre, met un voile entre l'incarnation nouvelle et l'état que nous quittons, parce que le périsprit s'est refait matière.

Après tant de transformations, que doit devenir finalement le périsprit?

Il subsiste et s'affine, se perfectionne — n'allez pas croire qu'il s'abîme et disparaît dans le Nirvana.

Pourquoi serait-il supprimé de notre individualité? N'a-t-il pas droit à l'évolution et à la récompense qui l'accompagne, lui qui a été attaché à la lutte et qui a acquis l'expérience, voyageant à travers les incarnations et souffrant avec le corps aussi bien qu'avec l'âme?

M. Myers a-t-il raison de dire: « Le temps est passé des arguments a priori, des déclarations spiritualistes des esprits élevés, des discussions fantaisistes et des opinions pieuses: la question de la survivance de l'homme est une branche de la psychologie expérimentale »?

C. R. — Oui. Je voudrais ajouter que les spirites qui sont encore attachés à des anciennes croyances avaient, dans le principe, voulu faire accorder la nouvelle doctrine avec l'ancienne, mais qu'aujourd'hui le progrès est fait, et que c'est pourquoi M. Myers dit que le temps des arguments à priori est passé.

R. L. Il ne faut pas être trop croyant — celà pouvait s'excuser il y a quelques années, mais nous arrivons à une période décisive pour le spiritisme. On serre de près la doctrine: d'un côté les savants qui veulent se rendre compte, de l'autre, les matérialistes. Puis les théosophes et les religions différentes.

Il faut donc être sérieux et réfléchis si nous voulons progresser, car c'est le moment où la croyance veut s'établir, et il ne faut pas qu'elle s'attarde dans les pièges que lui tendent tous ces mauvais frères.

Il s'agit d'épurer la corporation et de ne pas permettre qu'à une époque où tout est analysé logiquement et scientifiquement, on vienne vous faire des tours de passe-passe en se jouant de votre crédulité, et en vous faisant croire à des manifestations émanant d'Esprits, tandis qu'elles émanent de prestidigitateurs.

Moins d'expériences publiques et plus de groupes intimes—voilà où sera le progrès.

Je me préoccupe beaucoup plus des progrès de la tache d'huile que des conférences des savants et de leurs comptes-rendus.

La tache d'huile, c'est la propagande qui se fait entre spirites et néophytes — c'est encore plus profitable que les articles de journaux même les mieux rédigés et les plus intéressants, parce que les articles de journaux psychiques ne sont lus que par les abonnés, qui sont à peu près tous convaincus, tandis que l'entraînement vers notre croyance se fait par le recrutement des âmes que vous attirez en leur narrant des faits et en les intéressant à la vérité.

Vous faites plus de bien à la cause que toutes les publications.

Toute ma peine pour convaincre aura donc servi à quelque chose?

C. R. — Oui — elle aura semé le grain dans beaucoup d'âmes.

C'est déjà beaucoup d'avoir fait germer — il faut plusieurs générations pour voir le gland devenir chêne majestueux.

Quel langage dois-je tenir à ceux qui m'opposent leurs idées en désaccord avec les nôtres?

Il faut être très affirmative vis-à-vis d'eux. Dites-leur que, depuis 28 ans, vous cherchez, vous étudiez, et que votre vie ayant été consacrée à cette œuvre, vous avez, pendant ces années, obtenu toutes les preuves qui peuvent établir une conviction absolue.

Il vaudrait bien mieux que ce soit un savant qui leur dise cela!...

Non, parce que la terre est remplie de tristes et de malheureux qui ne demandent qu'à être consolés, et que, notre doctrine étant la plus consolante en même temps que la plus logique, vous trouverez beaucoup d'âmes heureuses de vos enseignements. Un savant ne leur parlerait que science et métaphysique, tandis que vos paroles remplies d'espoir et de consolation — en même temps qu'appuyées sur des preuves irréfutables — leur sembleront bien plus douces.

Que dois-je répondre à ceux qui me reprochent

de ne pas me « tenir au courant » en n'allant pas aux conférences, messes d'Isis, etc.?...

R. L. — Que votre vie n'y suffirait pas, s'il fallait que vous passiez des heures à vous occuper de choses inutiles, alors que vous n'avez pas même assez de temps pour explorer la mine inépuisable dont vous tenez le filon.

Comme vous savez bien me répondre et me conseiller!

Je fais de mon mieux, mais ma modestie est légèrement à l'abri, car, parmi vos lecteurs, il y en a certainement qui vous attribueront beaucoup de ces pages et les mettront sur le dos de votre inconscient — ce sera ce qu'il est permis d'appeler une vile flatterie.

Faudra-t-il envoyer ce nouveau volume aux psychistes récalcitrants dont nous avons parlé hier?

C. R. — Non — Je n'aime pas les chercheurs détracteurs, c'est-à-dire ceux qui cherchent non pas la vérité, mais les côtés présumés faibles par lesquels on peut l'attaquer et la jeter à bas.

Croyez-vous que le Spiritisme aura une marche plus rapide que le Christianisme « parce que c'est le Christianisme qui lui ouvre la voie, et que c'est sur lui qu'il s'appuie? que le Christianisme avait à détruire, tandis que le Spiritisme n'a qu'à édifier... »?

Ce n'est pas pour cela, mais l'éducation des peuples en toutes choses est plus rapide à mesure que les siècles se succèdent. Chaque enseignement, au lieu d'être bâti sur le néant, s'édifie sur des bases de plus en plus solides.

La science a été plus rapide à chaque siècle, et la philosophie ne peut procéder différemment.

Ceux qui sont contents de ce qui existe ne sont pas difficiles, car tout va bien mal!...

Oui — l'humanité réclame son droit à la lumière.

Tout ce que les religions, les sciences, les philosophies, lui ont donné, n'a pas réussi à la nourrir substantiellement.

Aujourd'hui, elle est affamée de vérité, et il lui faut des preuves de ce qu'on lui dira être cette vérité.

Il ne faut pas dire que le spiritisme qui, seul, peut fournir ces preuves, n'avance pas. Il est battu en brèche, et il faut qu'il soit déjà bien fort pour résister à la lutte qu'on soutient contre lui.

Songez au nombre de ses ennemis: les catholiques d'un côté, les protestants, les partis religieux quels qu'ils soient, les scientifiques, les matérialistes, qui, tous, cherchent à le saper par la base avec celle de toutes les armes qui est la plus redoutable: le ridicule!

Croyez-vous qu'il faut, au contraire, qu'une philosophie soit puissante et se sente véridique pour demeurer debout malgré ces attaques réitérées, et oser s'affirmer envers et contre tous ?...

Non, ne dites pas que la cause ne progresse pas: elle monte, elle s'étend, démolissant peu à peu les barrières qu'on lui oppose, et son triomphe est certain, car elle a pour elle la preuve indéniable que presque chacun peut obtenir pour se convaincre — en un mot, elle est la vérité, et, à ce titre, elle doit voir le jour.

Le spiritisme est la réalisation de tous les désirs philosophiques, parce qu'il est la conception la plus parfaite d'une organisation logique et raisonnée, et parce qu'avant de croire à la doctrine enseignée par les Esprits, on peut se convaincre de l'existence des entités qui nous ont transmis ces enseignements.

Chacun, en effet, s'il est patient et s'il a bonne volonté, peut arriver à obtenir par lui-même la preuve de tout ce que révèle le spiritisme, c'est-à-dire de la suite des existences, de la communication avec ceux que vous avez perdus, et de la protection, un peu relative, que nous pouvons exercer sur vous.

C'est bien réellement la philosophie par excellence que celle qui peut vous consoler des épreuves de la vie en vous permettant d'avoir un avant-goût de l'au-delà, et de considérer la désincarnation non pas comme un effroyable événement inévitable, mais comme la délivrance longtemps attendue, espérée, et qui, en libérant votre âme de ses lourdes et pénibles chaînes, lui donnera le bonheur sans mélange auquel elle aspire.

CONFIGURATION DU SYSTÈME

(GENÈSE DE L'HUMANITÉ)

Peut-on dire que « ni la raison, ni l'observation, ni un sentiment intérieur ne tendent à attribuer à Dieu la création des Esprits »?

C. R. — La création divine n'est pas, à proprement parler, une création — c'est une sorte d'exhalaison de la divinité, qui est l'essence même du périsprit, d'où il résulte que l'homme, en lui-même, est d'essence divine.

Les animaux sont donc aussi d'essence divine?

Oui — puisqu'ils se dirigent vers l'humanité.

Est-il vrai que l'Esprit a toujours existé?

Oui — l'éternité est aussi bien dans le passé que dans l'avenir.

Ne cherchez pas à comprendre — l'éternité ne peut pas être comprise, pas plus que l'Immensité.

Votre monde étant un monde fini, vous ne pouvez comprendre l'infini, aussi peu dans le temps
que dans l'espace.

Pouvez-vous comprendre?

Oui, beaucoup mieux.
Déjà nous avons la notion que le temps n'existe
pas, puisque nous ne le mesurons pas. N'ayant
plus ce que vous appelez le temps, nous comprenons le peu de valeur qu'il a, et, étant dans l'infini, nous comprenons ce que l'infini doit être.

*Nous-mêmes l'avons donc compris souvent, en-
tre nos existences terrestres?*

Oui.

*Comment faut-il interpréter ce qu'on dit, que
l'âme est une parcelle de la divinité? chaque parcelle ne devrait-elle pas être parfaite, et, alors,
pourquoi la longue série d'épreuves à travers lesquelles elle se développe?*

R. L. — Ce qui émane de Dieu est si infinitési-
mal que, comparé à la matière brutale qu'il anime, c'est très peu de chose, et ce peu ne fait pas
complètement la loi au corps qui lui sert de pri-
son, mais ce peu est appelé à grandir dans la suite des existences, et à devenir le dominateur de
la matière.
Cette parcelle habitant un corps, s'y développe,
et, le jour où elle a grossi de manière à envahir ce
corps et à le dominer, elle retourne à la divinité,

parce qu'elle a acquis la connaissance qui lui permet de redevenir le satellite de Dieu.

Il est bien certain que le grain de blé semé dans la terre n'est qu'une parcelle de l'épi — l'épi est une chose parfaite, et le grain est une parcelle de cette perfection. Si vous voulez le moudre, il donnera une parcelle de la même farine, mais ce ne sera qu'une parcelle, et, pour en donner davantage, il faut qu'il évolue et redevienne épi.

Il germe, et ce n'est qu'au bout de plusieurs mois qu'il produit la chose parfaite — pour commencer, il est déposé dans la terre qui doit le pourrir pour qu'il en sorte un germe nouveau, victorieux de la matière immonde dans laquelle il a commencé sa vie.

Vous voyez bien que tout se ressemble.

Un chercheur dit qu' « il est à craindre que l'idée déiste qui imprègne si profondément la doctrine spirite, ne soit le poison qui se dissimule dans le parfum exquis de cet élixir de vie », et conclut en disant que « Dieu ne peut être un être s'ajoutant à la série des êtres, que la croyance en l'immortalité des âmes n'affirme ni n'infirme en rien l'existence de Dieu, qui reste un problème insoluble pour les plus vastes intelligences... »?

C'est très bien et très vrai.

Qu'est-ce, en somme, que Dieu?

C'est une force et une intelligence, mais c'est indéfinissable.

CONFIGURATION DU SYSTÈME

Dieu est impersonnel?

Oui.

Mais il existe une force au-dessus de tout?

Oui.

Sont-ce les êtres supérieurs qui dirigent tout?

Oui, certes — ce sont les représentants de cette force que vous appelez la divinité.

Vous ne pouvez nous expliquer cela mieux?

Non — c'est un sujet fermé pour moi qui ne l'expliquerais pas bien, et pour vous qui n'y comprendriez rien.

Mais pourquoi nous parlez-vous de Dieu?

C'est pour nous faire comprendre — Ce mot ne signifie rien — il est court, c'est l'essentiel.

Jamais vous ne comprendrez le système tant que vous voudrez croire à un Dieu personnel, au lieu de croire à la vie de l'univers.

Dieu, je vous l'ai dit, est inexplicable parce que, pour l'expliquer, il faudrait se servir de mots qui n'ont pas d'équivalent chez vous, et qui ne vous diraient rien.

Si vous disiez à un aveugle-né que ce livre est rouge, il ne comprendrait pas du tout ce que c'est que la couleur rouge, et vous seriez incapable de la lui définir — vous trouveriez même mauvais qu'il se fâche et exige cette définition que vous ne pourriez lui fournir, puisque rien ne pourrait lui donner l'idée de la couleur rouge.

Eh bien, l'explication de Dieu est de ce genre — vous ne pourriez ni la comprendre, ni la concevoir, parce que, pour cela, il faut des sens que vous ne posséderez que quand vous serez de l'autre côté, et toutes nos explications sont des à peu près cherchant à vous mettre sur la voie.

Vous ne trouvez pas qu'il est révoltant de se représenter un Dieu tout-puissant, et de voir toutes les souffrances, toutes les horreurs de ce monde?

Il n'y a rien de révoltant. Cela vous révolte justement parce que vous voulez que Dieu soit un être compréhensible pour vous, et que vous vous obstinez à lui donner la direction de tous les petits événements.

Dites-vous donc une bonne fois qu'il ne verse ni joies ni souffrances sur l'humanité. Il anime tout ce qui existe, et c'est cette vie elle-même qui produit le bien et le mal, ainsi que les catastrophes, les guerres, les épidémies, etc.

Cela me paraît bien la même chose!

Non — cela ne se ressemble nullement.

Il me semble que Dieu devrait être horriblement malheureux en voyant le malheur de l'humanité!

Non, d'abord parce que le malheur le plus grand ne dure pas longtemps quand on le compare à l'éternité.

Il est difficile de se consoler ainsi.

Ah, voilà pourquoi vous ne pouvez concevoir Dieu !

Le concevez-vous, vous ?

Un peu mieux.

Et vous trouvez que tout est bien arrangé ?

Rien n'a été arrangé par personne — c'est vous qui arrangez. Vous voulez absolument que Dieu ait arrangé quelque chose — pour cela, il faudrait qu'il y eût eu un commencement, et, au contraire, il n'y en a pas eu.

Tout cela est fort difficile à comprendre !

C'est pourquoi je vous conseille d'abandonner cette question.

(*Je dis à Charles que je ne suis pas très satisfaite des dernières réponses de Roudolphe...*)

C. R. — Il est vrai que cette question a été moins brillamment répondue que bien d'autres, mais, si vous me l'aviez posée, je ne l'aurais probablement pas mieux traitée.

Je serais resté dans la supposition et vous auraisdit qu'un Dieu aussi personnel et humain que celui des religions pourrait en effet être accusé d'injustice, d'impuissance, ou d'indifférence.

Mais ce n'est pas le cas. Dieu étant la force immanente qui met en action l'univers entier, c'est ensuite à cet univers qu'il appartient de procréer, d'activer la vie et la génération, et tout événement pouvant trouver sa cause dans son propre voisinage n'a pas à être conduit par une volonté et une sollicitude dirigeantes.

La machine à vapeur d'une usine qui met en mouvement toutes les autres machines, n'a rien à voir ni à faire avec chacune d'elles en particulier. Elles sont dirigées par des mains d'ouvriers qui guident la besogne à travers les rouages, se servant à distance de la force motrice, qui est très éloignée quelquefois.

Ainsi est le monde — Dieu, force motrice, imprime la vie et le mouvement à une quantité de corps matériels dont l'*âme* est l'ouvrier dirigeant.

Il plane au-dessus de cette immense usine qui est l'univers, mais il laisse au temps, aux événements, le soin de fabriquer, d'affiner *l'âme*.

Il veut qu'elle soit responsable et gagne son expérience à ses dépens, afin de lui revenir un jour épurée, divinisée, et qu'une part plus belle et plus large puisse lui être confiée dans l'œuvre de vie et de génération éternelle.

Est-il vrai que, si l'on pouvait parvenir à fabriquer chimiquement une graine, la vie viendrait d'elle-même l'animer?

R. L. — Non, parce qu'on ne peut pas inviter un périsprit à venir habiter un corps dans la construction duquel n'est entrée la collaboration d'aucun périsprit.

Je conclus de là qu'on se fait des illusions en pensant arriver à produire artificiellement des êtres vivants...?

C'est impossible, parce que la matière dont se serviront les savants sera une matière empruntée à la chimie et non une matière vivante imprégnée d'astralité.

Il faut toujours qu'il y ait une partie astrale qui attire l'incarnation. Toute chose vivante a une partie matérielle et une partie astrale — les plantes elles-mêmes possèdent cette dualité.

Papus a-t-il raison de dire que la vie et le périsprit sont la même chose?

C. R. — Non, pas absolument.

La vie, c'est la présence, dans le corps, de l'âme et du périsprit. Le périsprit, c'est la forme de la vie.

La vie absolue, c'est l'âme, qui tantôt vient animer le corps, en se servant de tous ses organes, tantôt retourne avec son périsprit dans l'au-delà, pour s'y manifester d'une manière différente.

Le périsprit est la forme de la vie, non seulement parce qu'il façonne le corps matériel, mais encore parce qu'il garde cette forme dans l'audelà.

———

Le Dr D... demande s'il y a « fusion de plusieurs des âmes des minéraux et des végétaux pour for-

mer ensuite l'âme des animaux et, plus tard, celle de l'homme »?

Oui — ce sont des parcelles qui, étant incomplètes, se joignent à d'autres parcelles qui les complètent, avant d'aller habiter le corps humain.

Faut-il admettre qu'il y ait des créations successives?

Oui — la génération est sans fin. Il faut bien remplacer les âmes des végétaux à mesure que ces âmes deviennent animales.

Qu'est-ce que l'âme géologique?

L'âme géologique est un composé d'atomes dont le groupement forme cette âme.
Si on en extrait des parcelles, cela ne l'atteint pas dans son entier, mais cela fait évaporer un souffle animique qui, libéré de la matière, cherche à reprendre vie ailleurs, c'est-à-dire dans un corps plus approprié au travail qu'il a déjà accompli.
La collectivité existe pour tout ce qui est attaché à la terre.

Les végétaux sont-ils aussi collectifs?

Ils le sont encore un peu, mais ils s'acheminent vers la personnalité.

Ces âmes à incarnations multiples, ces âmes animant de véritables collections de créatures, ne se retrouvent donc pas jusque dans les règnes supérieurs?

J'admets cette collectivité pour les minéraux et les végétaux, mais l'animal pense déjà et a une personnalité.

Le castor, qui bâtit sa maison au bord d'une rivière et qui sait que cette rivière portera ses matériaux à l'endroit choisi, est bien une intelligence, et je mets en fait que chaque animal, depuis le poisson rouge, depuis l'insecte jusqu'au haut de l'échelle, a sa personnalité.

A quoi servirait l'âme collective dont on vous parle? A rien.

L'instinct n'est pas autre chose que l'intelligence à un degré inférieur, et, si cette intelligence se transmet, elle n'a pas besoin d'âme collective pour agir.

L'hirondelle frileuse possédant, comme tous les ailés, le sens de l'orientation, sent que, là-bas, les vents sont plus doux, et elle émigre, mais, comme une des premières manifestations de l'âme, c'est l'association, elle part avec ses compagnes — elle sent déjà, dans sa petite âme rudimentaire, qu'elle ne peut affronter les dangers du voyage que grâce à un groupement, que les cris de toute cette compagnie volant en rangs serrés, éloigneront l'oiseau de proie prêt à fondre sur la victime, et voilà pourquoi les hirondelles se réunissent pour accomplir ces longs trajets.

Mais elles ne sont pas seules à avoir cet instinct du groupement... voyez les abeilles, les fourmis, quelle admirable organisation est la leur! c'est déjà une communauté régie par une supérieure à laquelle toutes obéissent, car elles sont instruites, par leur instinct, de ce qui s'impose, c'est-à-dire qu'aucun travail important ne peut être exécuté par un seul individu.

Certes, l'animal domestique progresse plus vite, mais ce n'est pas l'homme, son éducateur, qui chasse une âme collective... non, il cueille simplement l'âme animale, et cherche à lui inculquer la pensée et la réflexion, ou seulement à développer ses moyens d'action qui existent à l'état rudimentaire et ne demandent qu'à s'épanouir.

J'admets l'âme géologique et la grande âme végétale qui a de nombreux enfants, mais on ne peut nier qu'au moment où l'âme passe du règne végétal au règne animal, il y ait une transition énorme, car la fleur ou l'arbre deviennent ces fleurs sous-marines qui se meuvent par leur volonté. L'arbre ne se meut qu'avec le secours d'éléments étrangers à sa volonté, tels que le vent — la fleur ne s'ouvre que par l'action du soleil et non pas parce qu'elle fait un effort pour cela, tandis que l'anémone de mer replie ses pétales ou les rouvre à volonté.

En somme, dès que la personnalité s'éveille, il n'y a plus d'âme collective.

(Je demande ce qui détermine le changement d'espèce chez un animal?...)

C'est un instinct qui réclame ce dont il va avoir besoin.

Qu'est-ce, au juste, que l'instinct?

R. L. — L'instinct est une intelligence mise dans un certain moule et qui revêtira toujours la forme prise.

Ce moule est le cerveau de l'animal dans lequel on met une sorte d'intelligence inconsciente qui doit agir dans un sens déterminé pour les besoins de la vie qu'il vient accomplir. Mais il y a instinct et instinct. L'instinct d'un insecte, par exemple, reçoit cette impulsion et la suit, pour ainsi dire, bêtement. A mesure que l'animal se perfectionne, il y a beaucoup plus de conscience dans cet instinct, et il se rapproche de l'intelligence.

Tout est le résultat de l'évolution. Moins l'être incarné est évolué, moins il se sert de son embryon de cerveau pour développer ce qu'il a déjà en lui-même. Au contraire, plus il est évolué, plus son esprit cherche à apporter sa conscience dans l'acte qui lui est propre et dans ses décisions qui, peu à peu, perdent leur caractère instinctif pour revêtir le caractère intellectuel.

Il n'est donc pas vrai que l'animal ne possède que l'instinct qui le dirige, mais pas l'intelligence?.....

C. R. — L'intelligence est le développement de l'instinct — c'est une phase du progrès, et elle existe chez les animaux qui sont près de l'humanité.

Le trait d'union entre la bête et l'homme semble être le sauvage ou le paysan très rétrograde qui, même sur son visage, porte encore la trace de l'animalité.

Il y avait autrefois des traits d'union entre l'homme et l'animal, mais les animaux étant beaucoup plus intelligents à présent qu'autrefois, se rapprochant beaucoup plus de l'homme, le trait d'union a disparu.

La phase humaine constitue-t-elle, vraiment, dans la création, « le degré le plus bas de l'involution, et le point de départ de l'évolution rédemptrice »?

Il est vrai que les premières formes de vie, ressentant très peu la domination matérielle qui s'exerce par la volonté et le désir, sont des phases moins mauvaises que la terrible époque de transition qui consiste à passer de l'animal à l'humanité.

C'est quand l'âme arrive à l'humanité que la responsabilité commence.

Est-elle plus avancée à ce moment quand elle vient d'un chien ou d'un animal bon que d'un autre?...

Non, du tout. Cela dépend de la mentalité et non de l'espèce de l'animal, car un chien n'est pas forcément bon ou méchant.

Un animal n'est pas forcément méchant parce qu'il tue pour dévorer — l'homme lui-même ne fait pas autre chose. Un animal est bon ou méchant suivant qu'il obéit ou non aux lois naturelles, c'est-à-dire à la sollicitude pour sa progéniture et ses semblables, et à la reconnaissance envers ceux qui lui font du bien.

Mais l'animal étant bon, souvent l'homme rudimentaire est bestial et méchant, parce qu'il revient avec sa mentalité de bête, augmentée du pouvoir de la volonté, de la liberté, et de la conception d'une intelligence qui s'éveille. Il se sent trop libre, trop puissant, et en abuse.

Toute époque de transition peut paraître une involution — en réalité ce n'en est point une: c'est un nouveau schéma destiné à perfectionner l'âme beaucoup plus que ne le permettrait la forme abandonnée.

Ce sont des muscles puissants qui ne savent encore qu'étrangler, mais qui apprendront à plier leur force pour le service de l'humanité fraternelle et le progrès de la planète. C'est une force terrible qui naît comme un torrent fougueux, mais qui, une fois endigué, servira à féconder la terre.

Peut-on aussi considérer notre époque « comme une époque de transition, et tous les méfaits des bandits actuels sont-ils le symptôme d'un progrès futur »?

Ce n'est pas, à vrai dire, un symptôme, mais ce qui cause ces infamies, c'est le progrès lui-même. Si les bandits se dérobent, c'est grâce aux automobiles — s'il se défendent si bien, c'est grâce à ce que les armes sont perfectionnées, etc., etc. En somme, cela vient du considérable progrès qui s'effectue de plus en plus rapidement, au point qu'un siècle voit naître plus de découvertes que les vingt siècles qui l'ont précédé réunis. C'est donc un affolement qui accompagne toutes ces découvertes.

Cependant, grâce à elles, on peut arriver à faire beaucoup de bien, de charités, à améliorer considérablement le sort humain — donc, de ce schéma doit sortir une société plus parfaite que celle d'avant les nouvelles découvertes, mais il faut que cette société se bâtisse sur ce nouveau plan.

La facilité avec laquelle on fait le mal peut être comparée à une première incarnation humaine et à l'ivresse du pouvoir qui l'accompagne, ivresse qui tourne en brutalité et méchanceté, mais qui doit arriver à se transformer par la seule loi du progrès sans fin.

Tout point de départ doit mener à la perfection, à une perfection variée autant que les natures mêmes auxquelles elle s'adresse, mais l'œuvre du grand Tout étant parfaite dans son ensemble, rien ne saurait être une ombre permanente au tableau grandiose des perfections accumulées.

Savoir attendre est le seul conseil que les humains aient à recevoir de nous — plus tard, ils comprendront, lorsque la grande porte qui se sera refermée sur leur tombe, leur livrera l'entrée de celle qui masque l'infini.

CONFIGURATION DU SYSTÈME

(ASTROLOGIE & FATALITÉ)

Peut-on dire que « l'influence astrale sur l'homme est une vérité expérimentale »?

C. R. — Il y a du vrai là-dedans — toujours à cause de la provision fluidique qu'il faut apporter dans l'incarnation.

L'Esprit qui se réincarne puise des fluides dans l'ambiance qui l'environne, et cette ambiance est un peu différente suivant la position des astres. Chaque planète dégageant des fluides différents, il arrive que ceux qui sont plus rapprochés de l'Esprit lui procurent une ambiance appropriée à la vie qui réside à la surface des planètes en jeu, et l'Esprit, s'enveloppant de cette ambiance, apporte ainsi sur terre des tendances ou des facultés qui sont les mêmes pour tous les individus nés en même temps.

Maintenant, tout ceci se mariant avec les tendances naturelles de l'Esprit, avec ce qu'il a rapporté de ses incarnations précédentes, avec son degré d'élévation, et, aussi, avec ce qu'il puisera dans les parents appelés à lui donner un corps — ceci, dis-je, fera cependant des êtres très différents, mais qui auront des points généraux de ressemblance.

Certes, l'astrologie n'est pas aussi précise que le croient ses adeptes — elle agit pour les tendances et les lois générales de la vie, mais les détails sont laissés au libre-arbitre, et ainsi est détruite la fatalité qui semblerait en découler.

Le chercheur D. arrivera à croire à l'astrologie, parce que le champ du psychisme est trop vaste pour qu'on puisse mettre une clôture à la parcelle connue, et déclarer que tout ce qui est au delà n'existe pas.

Au contraire, quand le jardinier soigneux aura étudié toutes les plantes de son enclos, il voudra voir si, dans la partie non explorée, il n'y aurait pas encore à apprendre quelque chose.

(*Sur ce que Schopenhauer attribue à notre moi latent l'origine de nos pensées et, par suite, des événements à travers lesquels notre existence se déroule, Roudolphe dit:*)

R. L. — Le moi latent, pensant, ne peut pas prévaloir sur les événements indépendants de la volonté. Il y a donc une part de déterminisme et une part de volonté dans la vie humaine.

Ce qui est du déterminisme, ce sont les grandes lignes contre lesquelles il n'y a pas à se regimber — seulement, il est bon de croire que tout dépend de la volonté, afin de ne pas tomber dans le fatalisme.

Si nous nous réincarnons avec la dose si forte d'espérance chevillée au fond de notre âme, c'est que nous devons avoir cette arme contre la fatalité, et être engagés à une lutte dont l'issue n'est jamais déterminée.

La part du libre-arbitre concerne les actes de la vie qui entraînent avec eux le progrès qu'on est venu accomplir.

Voyez-vous: ce qui est regrettable, c'est que l'homme soit, par tempérament, un législateur implacable — il veut la loi unique pour tout, sans comprendre que l'univers et les êtres qui le peuplent sont trop différents entre eux et engendrent trop de cas et d'événements dissemblables pour qu'on puisse tout enrégimenter sous la même loi. Il y a des milliers de divergences dans les hommes, les choses, les événements et leurs causes — donc, il faut qu'il y ait aussi une part de fatalisme, de déterminisme, et une autre de libre-arbitre, de volonté consciente ou inconsciente.

Il y a toujours une part de fatalité dans la vie. Cette part, ce sont les grandes lignes, les épreuves acceptées avant la réincarnation et qui ne peuvent être anéanties par aucune volonté humaine, parce que le progrès qu'elles doivent entraîner avec elle serait réduit à néant.

La prévision de l'avenir ne peut être faite que pour ces grandes lignes de la destinée choisie avant la réincarnation—le reste n'est pas fatal.

Pour les détails, ce qui est en germe peut seul

être prévu, et, comme le bien et le mal peuvent être faits dans n'importe quelle situation, il ne faut pas être fataliste.

Si l'on croyait à la fatalité absolue, personne ne ferait plus ni efforts ni progrès, et on peut même dire qu'on a eu bien tort de jouer autant de cette corde depuis des années, dans tous les cas de soi-disante irresponsabilité.

Est-il vrai que « le spiritisme est prouvé par le fatalisme de ces grandes lignes de la destinée, et l'annonce qui peut en être faite »?

Oui. Si l'on peut prédire ces événements, c'est qu'ils sont fatals — or, qui donc a décrété cette fatalité sinon toute la série des intelligences extra-terrestres et des sanctions du libre-arbitre?

L'avenir ne peut donc pas être prédit dans ses moindres détails?

C. R. — Non — en général les détails ne sont pas prévus, et si, parmi eux, il y en a qui le sont, c'est qu'ils doivent amener un événement assez important, faisant partie de la destinée.

La prescience de l'avenir par la personne intéressée elle-même vient de ce que, avant la réincarnation, l'âme sait ce qui l'attend — or, si elle s'incarne dans une famille qui, par l'atavisme, facilite des facultés médianimiques ou somnambuliques, elle se souviendra vaguement, et, inconsciemment, elle tirera, des événements de la vie, des conclusions devant aboutir au fait prévu.

La prévision de l'avenir par une personne autre que l'intéressée elle-même, est une faculté spéciale de certains médiums qui entrent en communication avec l'âme de la personne incarnée et voient dans son périsprit ce qu'elle-même n'y démêle pas.

On porte en soi le schéma de son incarnation, et on peut s'en souvenir vaguement, ou, sinon, on est comme un prisonnier auquel on a muré les fenêtres, et qui ne peut apercevoir un coin du ciel et le rayon de soleil qui doit venir le réchauffer. Mais un autre peut voir ce rayon de soleil — un autre être doué de ce qu'on appelle vulgairement la double-vue, peut voir le schéma du prisonnier et en tirer des déductions.

Les détails précis sont plutôt des déductions inconscientes faisant partie d'une science extra-terrestre qui veut que de ceci naisse cela — c'est la seule manière d'expliquer la prescience de l'avenir.

Du reste, cette science n'est nullement infaillible, et si, souvent, des tireuses de cartes sont remarquables avec certaines personnes et pataugent avec d'autres, ce n'est pas de leur faute, et vous pouvez, sans crainte de vous tromper, affirmer que le consultant ne sera pas plus heureux avec aucun autre voyant, si merveilleux soit-il, car, s'il a un schéma embrouillé, indécis, ou s'il s'est incarné sans plan bien arrêté, ou, encore, si son enveloppe est très compacte, il ne sera rien dit sur lui.

Comment le voyant voit-il ce qu'il voit?

R. L. — Il voit parce qu'il a une faculté et un billet permanent d'aller et retour dans le monde extra-terrestre. Il est médium et lit inconsciemment dans le souvenir extra-terrestre de l'incarné.

Comment se fait-il que, si des médiums voient l'avenir des incarnés, vous, Esprits dégagés, vous ne le voyiez pas?

C'est d'abord, parce qu'il y a aussi, dans le monde des Esprits, des clairvoyants et des non-clairvoyants.

Ensuite, que, quand nous sommes depuis longtemps détachés et éloignés de la terre, nous ne nous mettons pas si facilement en contact, et que ces images flottantes que le médium voit, suivent l'incarné et ne restent pas chez nous.

Les Esprits ne peuvent donc pas vous donner un conseil absolu.

Lorsqu'ils vous le donnent, ils se basent sur des probabilités, des choses en germe, mais vous savez que tous les germes n'arrivent pas à maturité — le ver qui rampe dans la terre se plaît quelquefois à en faire sa pâture, ou le vent les emporte au loin. Ainsi en est-il de vos destinées: nous voyons les événements en germe, mais nous ne pouvons en certifier l'issue, et, souvent, un événement fortuit, une volonté étrangère, une maladie, viennent faire l'œuvre du ver ou du coup de vent malencontreux.

Puis, quelquefois, nous savons cet avenir, mais

nous n'avons pas la permission de le dire, parce que ce qui serait annoncé par un Esprit prendrait une bien plus grande importance que ce qui est annoncé par un incarné.

Tout le monde n'a pas la permission de connaître son avenir — pour quelques âmes fortes et profondément philosophes, il y en a une quantité qui seraient démoralisées par cette connaissance, et, si les intuitifs ont un souvenir vague des résolutions prises avant l'incarnation, cette révélation ne paraît être, à leur sens matériel, qu'un pressentiment sans importance et qui, n'étant pas une révélation certaine, n'enlève pas à leurs âmes l'espérance dont tout être a besoin, et qui est si utile pour aider l'énergie, atténuer les coups de la destinée, et même, quelquefois, la faire légèrement dévier.

La science de l'avenir ne doit pas exister, et elle nous est interdite, afin que nous ne puissions que très rarement en faire usage vis-à-vis des incarnés. Si elle était à la portée de tous les Esprits, jugez quel mal en résulterait !

Ce mot « interdit » vous choque, mais l'interdiction est très nécessaire : comment pourriez-vous empêcher des Esprits malveillants de vous annoncer tout ce qu'ils verraient autour de vous en l'amplifiant ?...

C'est bien une chose défendue, en général, et si quelques incarnés voient ces images chez d'autres, c'est assez confus la plupart du temps, et le fait qu'ils se trompent souvent ne dispose pas à l'absolue crédulité.

Il faut bien se rendre compte de la partie si importante que doit jouer dans la vie ce moteur puissant, le libre-arbitre, et comprendre que ces quelques grands événements prévus avant la réincarnation sont reliés ensemble par une quantité de fils conducteurs que nous tissons nous-mêmes, à chaque heure de notre existence.

CONFIGURATION DU SYSTÈME

(VIE PSYCHIQUE)

Pourquoi la nécessité de s'incarner puisque, dans la vie d'outre-tombe, tout est si pareil à la nôtre?

R. L. — Parce que la vie terrestre donne beaucoup plus de moyens d'instruction et de progrès moral. On n'a pas, dans l'au-delà, de grands moyens de se perfectionner — on n'a ni le besoin de se supporter mutuellement, ni celui de s'oublier pour les autres, ni celui de se faire des concessions ou d'exercer la charité. On n'a pas non plus l'occasion de se dévouer en instruisant et en élevant des âmes, car, dans la vie de l'au-delà, on n'est pas lié par les obligations d'un père vis-à-vis de son enfant, ou d'un supérieur vis-à-vis de son inférieur.

Dans nos sphères de repos et de bonnes résolutions, on se contente de se préparer à la lutte — c'est le vestibule où l'on s'enduit le corps d'huile avant d'entrer dans l'arène.

La vie d'outre-tombe n'est pas si pareille à la vie terrestre que certains le croient — ils ne se souviennent certainement pas du temps qu'ils y ont passé, sans quoi ils ne diraient pas cela.

A-t-on raison de dire que « le corps charnel est une véritable cuirasse destinée à nous mettre à l'abri des mauvaises influences qui pourraient nous gêner dans l'accomplissement du rôle que nous sommes appelés à jouer »?

C. R. — Oui, parce que l'Esprit, qui est d'essence supérieure, d'origine éthérique, ne supporterait pas la terre sans cela — il ressentirait trop douloureusement les sensations morales, et il ne se plierait pas au milieu qui lui est assigné.

Comment un Esprit avancé pourrait-il vivre sur terre au milieu de tant d'êtres inférieurs, s'il n'était pas lui-même soumis à une matière qui le rapproche de ceux dont il est si différent?

Dans l'au-delà, nous sommes groupés par degrés d'avancement, et nous ne pourrions supporter la promiscuité. Or, si nous la supportons en incarnation, c'est que notre âme, enfermée dans la matière, perd de son excessive sensibilité.

Voulez-vous répondre à cette question posée dans la Revue spirite: *« Prière de donner une solution au dilemme suivant:*

« Ou bien nous avons été créés à l'origine tous pareils, et, alors, il n'y a aucune raison pour que les uns soient devenus bons et les autres mé-

chants, les forces et les épreuves ayant dû être égales pour tous?

« Ou bien nous avons été doués de forces de résistance différentes et, en ce cas, nous ne sommes pas responsables de cette inégale répartition originelle »?

Nous avons été créés à l'origine tous pareils, avec notre libre arbitre, mais les épreuves n'ont pas été pareilles puisque chaque vie est différente, et les hasards de l'existence, les circonstances environnantes qui font dérailler bien des consciences ou qui font surgir des difficultés inattendues, n'ont pas continué cette égalité, en sorte que, s'il y a eu égalité dans la création, il n'a pas pu y en avoir plus dans la suite des vies qu'il n'y en a entre deux ouvriers dont le premier serait blessé et privé de ses moyens de travail pendant un temps très long, tandis que l'autre ferait son chemin tout tranquillement, ou, encore, entre deux écoliers dont l'un serait à la tête de sa classe parce que rien ne le dérange et qu'il a tous les moyens d'étude à sa portée, tandis que l'autre, privé de santé, de temps ou de moyens de se procurer des livres, se trouverait sensiblement retardé.

N'y a-t-il pas injustice par le fait de ces circonstances extérieures?

Non — Il n'y a pas injustice parce que tout cela est un enchaînement.

Vous subissez bien souvent des entraves par

votre entourage, par des circonstances qui dérivent de cet entourage — c'est la destinée des autres qui entrave la vôtre: on s'adresse à votre cœur, à votre dévouement.

Mais pourquoi ces entraveurs et ces entravés?

Parce que tous ne sont pas au même degré — Il y a des âmes d'hier et des âmes d'il y a plusieurs siècles.

Sont-ce les âmes vieilles qui entravent?

Non — il n'y a pas de loi absolue. Il y a des centaines et des milliers de circonstances différentes. Le monde est aussi varié que les épreuves et les rares joies — il n'y a pas deux vies qui soient calquées sur le même modèle, pas plus qu'il n'y a deux visages absolument pareils.

La force créatrice est juste — nous avons eu les mêmes moyens, mais nous ne pourrons jamais nous entendre si vous voulez ne voir qu'une existence.

Les uns sont d'hier, les autres ont mille ans, et cela crée des différences de milieu, des différences de nature, et toutes ces créatures venues sur cette terre pour accomplir des missions différentes, forment une société qui, par sa divergence même, provoque les mille misères, les luttes et les souffrances qui rebondissent d'un être sur l'autre, sans qu'il paraisse y avoir de raison déterminée, mais, en réalité, pour le fondu de l'humanité.

Personne ne veut comprendre que les jeunes d'ici sont souvent les vieux de chez nous et qu'il faut avancer en tâchant d'élever les terriens à un niveau qui leur permette de se conduire, non pas comme des bêtes en laisse, mais comme des âmes élevées et responsables.

Qu'entendez-vous par «les vieux de chez nous»?

Je veux dire que ceux qu'on accuse de trop de jeunesse et d'idées trop neuves, sont souvent de bien vieilles âmes plus anciennes que les vieux de la terre.

Il n'y a pas d'âge, car personne ne sait l'âge de son voisin, et un jeune garçon de vingt ans est quelquefois bien plus âgé que l'homme de soixante qui veut le faire obéir ou le conduire à sa guise, et qui se révolte de ne pas être écouté. Vous voyez bien que, malgré tout, l'humanité monte vers des sommets plus élevés — chacun apporte sa pierre à l'édifice.

Oh! j'en connais qui n'apportent rien du tout!

C'est vrai — mais ceux-là sont des âmes nouvelles — tous ceux qui font quelque chose de bien sont des anciens.

Vous autres, incarnés, vous ne pouvez pas vous habituer à considérer l'ensemble des incarnations.

Est-ce que cette habitude prise ne rendrait pas la mort moins pénible?...

Oui, précisément. Elle serait même douce, car savoir qu'on va rejoindre tous ceux qui vous attendent, consolerait beaucoup de quitter, en partie, ceux qui viendront bientôt vous retrouver.

———

J'ai sous les yeux des exemples frappants de l'hérédité morale et intellectuelle — comment l'expliquez-vous?

D'abord, par la loi d'attraction des semblables. Puis, parce qu'il est impossible qu'un corps si étroitement lié au périsprit qui le moule ne reçoive pas de lui un peu du périsprit des parents — la partie embryonnaire qui vient chercher la vie dans le sein de la mère, a son existence périspritale puisqu'elle vit et que la vie, c'est le périsprit — il n'est donc pas étonnant que l'âme qui se réincarne reçoive, dans son périsprit, des tendances de ceux qui lui apportent la matérialité.

L'hérédité est une chose indéniable, et bien une explication et non un mot seulement, comme on l'a dit.

———

Dites-nous une fois de quelle manière la souffrance fait avancer?

R. L. — Si l'on souffre physiquement, c'est toujours un moyen d'avancement — la souffrance, en rendant votre enveloppe matérielle délicate, donne d'autant plus de force à votre âme. La souffrance affine le périsprit, de même que les nerfs sont plus sensibles chez les gens qui ont souffert moralement et physiquement.

Toute âme qui veut monter doit se débarrasser de ses tendances terrestres et, pour cela, il faut souffrir physiquement et moralement — physiquement pour tâcher d'atténuer la matière, et moralement pour porter l'âme plus haut et lui faire désirer l'au-delà.

Pensez-vous qu'un homme bien portant et heureux songe au bonheur des morts? Non — il ne veut même pas y penser, et redoute l'heure à laquelle il devra quitter ces joies terrestres, tandis que celui qui n'a aucune raison de tant s'attacher à l'existence, cherche, par un sentiment tout naturel et même inconscient, à trouver ce bonheur après que la mort l'aura soustrait aux misères de ce monde.

Pourquoi dit-on que la matière devient plus éthérée par la souffrance? est-ce, pour ainsi dire, un effet mécanique?

Naturellement — toutes les fonctions de l'âme sont au détriment de celles du corps, et plus l'âme s'élargit, plus la partie corporelle devient secondaire.

J'ai raison de dire que les souffrances de cette vie ne sont pas toujours une punition?

Oh, oui. Beaucoup de gens qui souffrent se sont incarnés avec le désir de faire un pas énorme dans la voie de la perfection. Celà indique que ce sont des âmes d'élite qui ne peuvent se contenter des joies matérielles et qui aspirent à une grande élévation. Ceux-là n'ont donc point mérité leur sort du tout, mais ils continuent à s'épurer par la souffrance. On vient toujours ici pour faire mieux que ce qu'on a fait précédemment.

Nous avons tous commis des infamies dans des existences antérieures, puisque nous avons dû commencer par être des âmes rudimentaires très grossières. Si nous remontions à cinq, ou six, ou dix existences antérieures, nous découvririons que nous avons été des criminels, et cela nous vexerait horriblement de nous en souvenir.

Avez-vous entendu ce que j'ai raconté à Marie au sujet de cette pauvre femme?

Nous avons écouté, et nous la plaignons beaucoup, mais nous, qui voyons la fin des épreuves, nous ne nous désolons pas, car nous savons que toutes ces douleurs sont autant de fleurs pour l'autre vie.

Les épreuves servent donc à quelque chose, même quand on les supporte mal?

Oui. Nous vous excusons, parce que la nature même de l'homme est soumise, par son corps, à la matière, et que, par conséquent, tant que vous êtes incarnés, vous ne pouvez pas être absolument détachés de la terre ni envisager la vie présente comme une non-valeur.

Est-il permis de chercher à se soustraire à une épreuve, de même qu'à une maladie?

Oui, d'autant plus que, souvent, l'épreuve n'est qu'un avertissement et consiste à vous donner une angoisse, mais pas à produire une catastrophe, de même qu'une maladie ne donne pas toujours la mort.

En disant cela, vous assimilez bien la mort à une catastrophe?...

Oui, pour ceux qui restent ou pour ceux qui partent avant d'avoir accompli la tâche pour laquelle ils se sont incarnés.

Il faut se soigner en temps de maladies, car la négligence indique un renoncement qui n'est pas permis. Mais, si l'épreuve devait aller jusqu'à une catastrophe, croyez bien qu'aucune précaution ne pourrait arrêter la marche de l'événement.

Souvent la maladie vient pour vous avertir d'avoir à vous surveiller davantage. D'autres fois, c'est seulement pour vous éprouver, pour augmenter votre force morale. Si vous vous soignez, vous luttez contre la maladie et souvent vous vous guérissez. Si vous n'avez que la mollesse en partage ou le dégoût de la vie, votre indifférence équivaut à un suicide — mais, si l'heure a sonné, aucune médication n'arrêtera son avènement.

Les suicidés, qui n'ont pas obéi à la loi de vivre jusqu'à ce que le sort les appelle, rampent à la surface de la terre, et leur extériorisation incomplète les met en rapport avec des Esprits très vils et grossiers, qui ne peuvent pas approcher des âmes épurées et de ceux qui, ayant rempli leur devoir sur la terre, ont leur place avec les bons et les purs.

Est-il vrai que la prière, dans le sens de volonté, de désir puissant, soit efficace?...

Oui, c'est vrai.

C'est pourquoi je vous dis toujours qu'il faut être confiant et vouloir le bonheur, si l'on veut en avoir une toute petite part. Il faut le désirer et le vouloir en se disant qu'on l'aura — cela aide puissamment.

Aux Esprits?

Oui, et cela crée des forces fluidiques qui, étant prises en dehors de la terre, sont plus puissantes.

Mais cette volonté peut-elle changer une chose décidée?

Oui, cela peut arriver, et si vous nous priez pour la faire tourner à votre avantage, il faut que vous nous aidiez par votre volonté et une confiance absolue. Si, au contraire, vous vous adressez à nous et qu'après, vous vous retiriez dans la crainte, le doute et le désespoir, nous avons une peine énorme à vous secourir, parce qu'au lieu de forces, vous créez autour de vous une ambiance réfractaire contre laquelle notre puissance vient se briser.

Doit-on dire que « toute pensée est non seulement une image mentale, mais également une sorte de cliché fluidique qui s'imprime sur le périsprit et sur les fluides environnants »?

C. R. — Oui — c'est, en effet, un cliché fluidique, puisque c'est à l'aide de ces images que l'âme meuble et orne son périsprit.

Il est donc vrai qu'il y a autour de nous des formes produites par nos pensées?

Oui, c'est exact, et vous en avez la preuve dans la photographie de la pensée.

Ces formes, qui prennent une vie très réelle, ont sur les incarnés beaucoup plus d'empire qu'on ne saurait le croire. Une fois émanées, créées, en quelque sorte, elles vous sollicitent, vous influencent, et vous finissez souvent par leur céder.

Aussi est-ce bon de ne pas nourrir des pensées tristes, des pensées de découragement, car ces formes atteignent l'âme, vous hantent et font pénétrer de plus en plus en vous la désespérance. Au contraire, la pensée de réussite, la confiance, vous réconfortent, vous soutiennent et vous font réussir.

C'est, du reste, d'après les remarques faites à ce sujet qu'on a créé les dictons: « La fortune sourit aux audacieux — la confiance appelle le succès, » etc.....

En effet, non seulement ces forces agissent par elles-mêmes, mais elles sont recueillies par les invisibles, et, d'après la grande loi d'attraction, les pensées de confiance sont recueillies par les Esprits bons et bienfaisants qui se mettent immédiatement au service de celui qui les a émises, pour l'aider dans ses désirs, tandis que les pensées de méfiance, de désespoir et autres deviennent la proie des Esprits inférieurs. Ceux-ci, toujours en quête de mal à faire, sont enchantés de saisir une force qui peut aider leurs desseins condamnables.

Les guides s'interposent presque toujours, mais ce qu'ils ne peuvent empêcher, c'est que cette partie de l'incarné lui-même, cultivée dans une disposition sombre, n'ait une répercussion très réelle sur lui.

A quoi les Esprits peu avancés connaissent-ils que vous êtes au-dessus d'eux?

R. L. — A notre rayonnement.

Qu'est-ce que ce rayonnement?

Les fluides — c'est un rayonnement lumineux qui éclaire l'Esprit.

Il le porte avec lui?

Oui.

Les arriérés n'en ont pas?

Non.

Beaucoup n'en ont pas?

On en a plus ou moins.
On voit l'avancement dans la clarté de la couleur — plus on se rapproche du blanc, plus on est élevé.

A quoi voyez-vous l'avancement des incarnés?

Egalement à leur rayonnement.

Nous avons aussi un rayonnement?

Naturellement, vous l'avez, mais il n'est pas plus visible pour vous que notre rayonnement, puisque c'est ce qui nous suit à travers les existences.
Chez les incarnés, le rayonnement se fait voir ou ressentir surtout aux médiums voyants ou sensitifs — c'est ce qui fait que, souvent, vous ressentez de la sympathie ou de la gêne vis-à-vis de personnes que vous voyez pour la première fois. Lorsque vous êtes habitués à les voir, vous ressentez moins vivement ce choc du rayon. Tous les avancés vous attirent, parce que leur rayon est pur, lumineux, et donne au vôtre une sensation de bien-être, et les mauvais ont un rayon sombre qui produit un choc sur le vôtre, et ce choc est d'autant plus violent que les rayons sont plus disparates. C'est-à-dire que, plus vous êtes

avancés vous-mêmes et plus votre rayon se trouve heurté par un rayon appartenant à un être médiocre ou mauvais.

Les terriens, habitant une planète inférieure, ne peuvent, en la quittant, et quel que soit leur degré d'avancement, aller dans les sphères qui sont habitées par des Esprits sortant de planètes plus avancées.

Quand vous quittez la terre, c'est à peu près comme si vous partiez en ballon. Quand vous partez en ballon terrestre et que vous n'avez pas assez de légèreté, vous vous traînez sur le sol. Si vous en avez davantage, si vous avez pu jeter du lest — jeter vos défauts, vos aspirations à la matière — vous montez, soit à la hauteur de la tour Eiffel, soit à mille, deux mille mètres, mais, quelque quantité de lest que vous ayiez pu jeter, vous ne monterez pas au-dessus de cinq mille mètres, parce que vous ne le pouvez pas.

Mais, si vous habitiez une planète où le perfectionnement serait plus intense, où les êtres les moins parfaits seraient l'équivalent des meilleurs de la terre, alors, en quittant cette planète-là, ce n'est plus à cinq mille mètres que vous monteriez — ceux qui iraient à cinq mille mètres seraient les moins avancés, tandis que les autres franchiraient des sphères délicieuses.

Les êtres très évolués qui vivent parfois sur la terre, peuvent-ils venir de planètes plus avancées appartenant à d'autres systèmes solaires?

C. R. — Très rarement — et je ne sais même

pas si cela est arrivé, parce que, rapportant leur périsprit, ils se trouveraient très dépaysés dans un système différent du leur.

Dans tous les cas, ils ne pourraient venir que s'ils avaient fait leur évolution totale dans leur système planétaire, mais je crois que les Esprits sont groupés par systèmes, et font toute leur éducation progressive dans l'entourage qui leur est familier, et même, j'ajouterai qu'un désincarné venant de la terre s'y réincarne plus volontiers qu'ailleurs, parce qu'il aura une éducation moins complète à refaire. Il revient en pays connu, et avec de telles intuitions, un tel acquis que, s'il a déjà eu une instruction suffisante dans l'incarnation précédente, il la retrouve intégralement, presque sans effort, et même avec un certain plaisir.

C'est ce qui explique les êtres bien doués et dont les facultés sont assez développées pour que toute chose apprise se classe immédiatement dans le cerveau et s'y grave avec sa logique et ses causes, donnant ainsi la facile croissance aux branches qui doivent s'en échapper.

Il y a aussi une autre raison d'être attiré vers la terre si on l'a déjà habitée: c'est, d'une part, les Esprits amis qui sont restés dans son orbite, et, d'autre part, les amis incarnés qu'on sait y retrouver. Puis, les connaissances qu'on possède de sa configuration, de ses habitudes, etc.....

Enfin, lorsque l'âme, suffisamment évoluée, se sent emportée vers des sommets plus élevés, quand ses aspirations dépassent les horizons ter-

restres, que ceux qu'elle a retrouvés et qu'elle
aime sont désireux aussi d'aller plus haut, il se
peut que l'Esprit cherche une incarnation sur une
planète du même système solaire, mais dont la
forme de vie soit plus en harmonie avec son état
présent et avec ses désirs.

Chaque système possédant des gradations à peu
près semblables, le même progrès peut s'effectuer dans chacun d'eux, et les Esprits, de quelque
catégorie qu'ils soient, doivent arriver tous aux
sphères bienheureuses auxquelles ils aspirent, et
auxquelles tous sont appelés dans un temps plus
ou moins long.

Pour nous, qui avons encore de fortes attaches
terrestres, nous ne sommes guère plus renseignés
que vous sur les sphères qui nous sont encore
interdites.

Vous avez ici la preuve de ce que je vous disais plus haut:

Cette vieille terre, si enfantine dans son progrès, si mauvaise parfois, sur laquelle toute âme
est venue souffrir, pleurer, se révolter, qu'on a
si souvent maudite et désiré quitter, cette vieille
terre a un attrait invincible qui nous force à venir
la regarder encore avec tendresse, soit qu'elle
nous rappelle des jours heureux, soit qu'elle nous
fasse revivre des luttes pénibles, des douleurs vécues, mais qui ont servi de crible à notre âme, et
lui ont fait faire un pas dans l'éternel progrès.
Puis, nous y voyons encore vivre et s'agiter des
amis — nous avons envie de leur dire: courage,
et nous restons attachés à l'intérêt de leur voir

tirer le parti salutaire attendu de cette lutte de chaque jour, de chaque heure, qui les amène tout doucement à la porte de sortie sur l'infini.

Voici, chère amie, tout ce que je sais de l'évolution à travers les planètes.

Pour moi, je pense, comme beaucoup d'autres, et me dis que, lorsque j'aurai épuisé les enseignements que peuvent me fournir la terre, d'abord, et, ensuite, les Esprits du plan qui l'avoisine, il sera bien temps d'aller demander à d'autres globes leurs secrets et leur perfectionnement — n'avons-nous pas devant nous l'éternité infinie?

Voilà une fin qui n'est guère théosophique, mais je vous la donne quand même, et surtout pour insister sur ce point, c'est que tout être égoïste et soucieux, d'abord, de son propre avancement, tout être qui franchit le torrent et ne se retourne pas pour aider ses frères à le franchir à leur tour, ne mérite pas l'évolution qu'il cherche, et doit retourner sur terre y apprendre que la charité est le seul moyen par lequel on peut s'élever, et atteindre les sommets de la perfection absolue.

CONFIGURATION DU SYSTÈME

(MORT & TROUBLE)

Étiez-vous au Bois, puisque vous dites que vous étiez si près d'ici tout à l'heure?

R. L. — Oui, précisément. Je me suis naturalisé Parisien de l'espace, domicilié au Bois de Boulogne.
Je regardais tous ces gens en raccourci, et ils me semblaient bien laids dans leur nuage de poussière, au milieu de toutes ces voitures barbares et de ces arbres tuberculeux, et je me demandais pourquoi tous ces gens tenaient tant à habiter la terre?

C'est le passage qui est ennuyeux — ne vous a-t-il pas ennuyé?

Oui, un peu. C'est le baptême de la ligne. C'est stupide, mais on ne peut s'empêcher d'avoir un peu peur. C'est une sorte d'habitude de vivre.

Voyez-vous: quand on est très jeune, on mourrait très volontiers, parce qu'on a, dans son inconscient, le souvenir de ce qu'on a quitté, mais plus on vieillit, plus ce souvenir s'éloigne. On s'habitue à cette vilaine terre, et on finit par croire que s'en passer est un affreux malheur — c'est pourquoi, plus on avance en âge, et plus on voudrait vieillir encore.

Moi, je n'ai plus du tout ce souvenir!

Si vous n'avez plus ce souvenir, vous avez l'espérance et la certitude. La petite lumière qui vous a guidée pendant vos années d'enfance, s'est éteinte dans le brouillard du passé, mais une autre s'est allumée là-haut, et son éclat augmente chaque jour — vous êtes le papillon nocturne qui va venir s'y brûler, pour renaître plus beau dans notre pays enchanteur.

Chère amie, la consolation de la vie, c'est la désincarnation.

Les religions sont-elles vraiment cause de la peur qu'inspire la mort?

C. R. — Oui — la preuve en est dans l'Antiquité où nos pères ne la redoutaient pas, mais l'affrontaient même avec grâce et désinvolture.

Si le Moyen Age cruel n'avait enfanté des horreurs et affublé Dieu de toutes les passions dévolues à la plus basse des humanités, on n'aurait pas éprouvé cette terreur, et, sachant qu'il s'agit d'un simple voyage, on l'aurait considéré sans effroi et sans appréhension.

Le Pasteur X... a-t-il raison de dire qu'il est bon que les hommes aient peur de la mort?

R. L. — Je ne suis pas de cet avis.

Tous les efforts des religions tendent pourtant à écarter cette frayeur — seulement, elles s'y prennent si mal que cela ne réussit pas.

Chaque fois qu'un prêtre se trouve appelé auprès d'un malade en danger, il cherche à lui donner le calme et la confiance, et il y arriverait s'il lui parlait spiritisme au lieu d'entretenir en lui des idées catholiques qui rappellent toujours qu'à côté du Paradis des élus, il y a l'Enfer des damnés.

Mais, qui donc est revenu dire à ces catholiques que leur croyance est la vraie, et comment peuvent-ils avoir cette assurance?

Croyez-moi, chère amie, il n'y a pas un être, parmi les croyants et les pratiquants, qui n'ait été souvent visité par le doute terrible, et qui n'ait eu peur du néant ou d'une chose inconnue, laquelle est pour lui inquiétante et redoutable.

Comment se fait-il que, cependant, certains n'ont pas peur de la mort?

C. R. — Chez quelques-uns, c'est la lassitude de vivre qui enlève la crainte de la mort.

Chez d'autres, c'est qu'ils se souviennent, sans s'en rendre compte, de l'au-delà où ils ont déjà été, et qu'un vague instinct les y attire de nouveau.

Enfin, pour d'autres, c'est une sorte de fatalisme qui n'est pas raisonné, une sorte de résignation à tout ce qui arrive.

R. L. — Quand on est spirite, on n'a pas cette peur.

Au moment de la mort, on n'a plus peur du tout.

Mais quand on se dit: « Voici ma dernière maladie.....»?

On ne se dit pas cela quand c'est la dernière, parce qu'on n'a généralement pas conscience du danger véritable.

C. R. — Le cerveau est plus enfantin — il ne peut ni ne veut se préoccuper — c'est déjà la quiétude de l'au-delà qui se fait sentir.

Cela arrive généralement?

Oui — et, quand on se voit mourir, on a encore cette quiétude. C'est une intuition de l'au-delà — on y est déjà en partie et l'âme dit au cerveau de ne pas se préoccuper.

On se dégage et on quitte son corps tout doucement. Le plus grand bonheur est de s'affaiblir assez pour que, lorsque l'heure de la désincarnation sonne, il n'y ait pas d'effort de la nature.

Mais, que pensent ceux qui, cependant, savent qu'ils vont mourir?

R. L. — Il y en a qui sont contents et d'autres qui ont peur.

C'est penser à ceux qu'on laisse qui est terrible!

C'est comme lorsqu'on part en voyage — on en laisse quelques-uns pour aller en retrouver d'autres — cela compense. La séparation existe en effet, mais est-ce pour longtemps? Voilà ce qu'on ignore.

Est-ce que les sentiments s'émoussent à la fin?

Sans doute — il y a les grâces du moment, et elles sont nombreuses.

Qui les donne?

Nous. Comme vous êtes déjà plus abordables pour nous, nous intervenons pour modifier votre mentalité et nous réussissons toujours.

Vous pourrez agir sur moi encore mieux qu'à présent?

Oui. Lorsque ce sera votre dernière maladie, il y aura, même à votre insu, une extériorisation partielle qui nous servira pour changer votre mentalité, et vous viendrez avec nous très doucement, sans aucun choc.

Pourquoi une piqûre de cocaïne me fait-elle une si agréable impression?

Parce que cela vous amène vers nous. Cela diminue l'intensité de votre matière, et, comme vous n'attendez que cela pour vous échapper, vous ne vous faites pas prier pour accourir chez nous.

CONFIGURATION DU SYSTÈME 81

Je n'y vais pas, car je ne m'endors pas!

Si — vous avez un pied ici et l'autre chez nous.

Comment peut-on être sensible à la cocaïne quand on ne l'est nullement au magnétisme?

Ce n'est pas du tout la même chose — le magnétisme ne peut enlever la sensibilité qu'aux médiums qui s'extériorisent, tandis que la cocaïne, qui attaque la matière, l'amoindrit et plonge l'âme dans un état mixte.

Qu'est-ce qu'un état mixte?

C'est un état qui tient de la vie et de la mort.

Alors, c'est la sensation éprouvée au moment de la mort?

Oui.
L'appréhension diminue à mesure que la mort approche, parce qu'on est déjà en partie de l'autre côté — par conséquent, on voit les siens, et ceux qui vous entourent sont surtout ceux qui attendent votre arrivée impatiemment. Nous y serons.

Pourquoi le mourant se manifeste-t-il au loin plus souvent que le mort?

Parce que, en même temps que l'âme a pris la subtilité de la somnambule pour se transporter ailleurs, elle peut, grâce à la matérialité qui la rattache encore à la terre, se faire voir mieux que lorsque la mort est complète et que l'état de trouble est survenu.

Mais qu'est-ce qui se manifeste au loin?

Le périsprit, autrement dit ce qui va suivre l'âme.

Le périsprit est-il la même chose que la force vitale?

Le périsprit est la force vitale soutenue par la matière et retenue par elle pendant la vie.

Dès que la matière n'est plus assez forte pour soutenir le périsprit, il s'échappe pour aller vivre dans un milieu complètement approprié à sa nature.

La mort est-elle « l'incapacité de la force vitale à élever au nombre voulu de vibrations le tissu nerveux sur lequel elle agit, ce qui fait que la manifestation de celui-ci devient impossible »?

Cette définition est vraie, mais un peu pédantesque.

Mieux vaut dire simplement que « mourir, c'est briser sa coquille! »

On demande si la mort est progressive ou subite?

La mort est progressive d'abord, et finit par être subite.

La mort soudaine ne cause-t-elle aucune douleur à celui qui a le bonheur d'en être atteint?

C'est une erreur de croire cela.

La mort n'est jamais absolument soudaine. Le seul cas où elle ne donne aucune souffrance est celui de la rupture d'un anévrisme.

Y a-t-il vraiment une seconde mort, comme le disent les théosophes, qui croient à sept corps différents?...

Non. Il n'y a qu'un seul corps astral, mais qui est de plus en plus affiné et dont les différentes facultés sont classées, par les théosophes, comme des corps différents, alors que ce sont simplement des manifestations diverses de l'Esprit.

Il n'est donc pas besoin d'une seconde mort, puisque le corps astral subsiste éternellement en se spiritualisant de plus en plus.

Dans l'être incarné, il y a un corps physique, matière, et un périsprit qui est la partie psychique de l'être.

Le périsprit est formé d'une partie quasi-matérielle ou matière de l'au-delà, chargée de conserver la vie au corps physique, et d'une partie psychique qui est, à cette partie matérielle, ce qu'est le périsprit au corps physique: cette partie, c'est l'âme.

Il ne faut pas dire que l'âme est un Esprit. C'était bon à une époque où on venait de redécouvrir le spiritisme — on n'avait jamais, avant, entendu parler de la partie immortelle que sous le nom d'âme, et on confondait les deux choses.

Depuis, on a étudié à fond la doctrine, et on a trouvé que l'Esprit est un composé du corps périsprital ou corps astral, et d'une âme, et que cet ensemble s'incarne dans la matière pendant la vie et retourne à l'au-delà après la mort.

A-t-on raison de dire que, pendant trente-six heures après la mort, l'homme se sent consciemment enveloppé dans un état d'agréable rêverie?

Oui. Il y a un moment de transition qui s'adoucit par l'influence bienfaisante de l'au-delà et la légèreté qui résulte de la perte du corps physique.

C'est ce qui donne aux morts cette expression de sérénité qu'ils ont presque tous, le corps physique n'étant pas encore assez libéré de l'influence périspritale pour n'en pas éprouver les sentiments.

Est-il vrai qu'on entoure les morts de lumières, et qu'on les veille, pour leur éviter « les attaques des Esprits des cônes d'ombre des planètes »?

Oui.

De même que l'obscurité attire les Esprits, le mort, qui a un pied dans l'au-delà et qui est pourtant encore attaché à la matière, donne aux Esprits très matériels des moyens de reprendre contact, et il faut éviter cette société pour le mort, qui a déjà un peu de peine à changer de sphère au sortir d'une maladie.

Mais quand on l'enterre?

Plusieurs jours se sont déjà écoulés, et, à ce moment, le dégagement est généralement fait.

Tant que le dégagement n'est pas opéré, il est nécessaire de faire de la lumière — or, comme on ne sait pas, au juste, quand le dégagement est fait, il vaut mieux entourer le mort de lumières et de bons fluides.

Approuvez-vous l'usage, qu'on cherche à abolir, d'envoyer aux morts des couronnes et des fleurs?

C. R. — On a raison d'en envoyer — c'est un dernier hommage, une dernière caresse, et on a grand tort de vouloir supprimer cela, d'autant plus que les parfums sont un appui pour les sphères astrales.

Qu'arrive-t-il pour les morts qui sont tombés par milliers sur un champ de bataille?

R. L. — Ceux qui donnent leur vie ainsi sont considérés comme martyrs des circonstances et très aidés. Il y a des Esprits dont l'unique fonction est d'aller présider aux sinistres pour aider au dégagement des victimes.

Est-il bon de prier pour les morts?

Je pense que la prière, considérée comme un courant sympathique, peut appeler, auprès de nouveaux morts, des Esprits capables de les aider.

D'ailleurs, vous nous priez bien lorsque vous nous appelez — vous pouvez tout aussi bien nous demander d'aller aider au dégagement d'un tel !

Donc, on peut prier efficacement pour les morts

Où se passe le trouble ?

Plus bas que nous.

La période de trouble se passe sur terre ou aux abords de la terre, puisque c'est le temps qui s'écoule entre la mort et la rupture définitive entre l'âme et le corps.

Ce trouble qui survient est-il le même pour tous ?

C. R. — Non — pas pour tous les Esprits. Il y en a de très troublés, mais ceux qui ont eu plusieurs incarnations avancées le sont moins.

Le trouble est une période de sommeil profond, reposant pour les uns et dématérialisant pour les autres.

Durant cette phase, l'âme prend lentement possession d'elle-même, se détache, presqu'inconsciemment, du plan délaissé, et rentre petit à petit dans la conscience entière de son état.

D'elle-même elle se place où son évolution lui donne le droit de séjourner.

Chez beaucoup de mourants, il y a une pensée vers un être aimé ou auquel on s'intéresse, et c'est la force même de cette pensée qui transporte l'âme.

On ne souffre donc pas beaucoup physiquement?

A ce moment de la mort, le corps ne ressent plus guère la souffrance.

Il est donc rare de souffrir jusqu'à la fin?

Oui.

On discutait aujourd'hui sur le mal qu'il peut y avoir pour les morts à les faire voyager?

C'est très indifférent—celà ne fait rien du tout au périsprit. Le périsprit suit son corps pour commencer, et le quitte ensuite pour s'élever au-dessus de son lieu de sépulture.

Vous aviez reconnu, autrefois, les dangers de l'incinération?

Cela dépend beaucoup des Esprits.
Si l'Esprit est suffisamment avancé pour quitter de suite sa dépouille physique, on peut incinérer ou faire l'autopsie, mais, si l'Esprit est matériel et reste attaché à son corps, il peut en souffrir beaucoup.

Au moment même de la mort, le périsprit est-il déjà dégagé du corps?

En partie — l'âme emporte toujours avec elle une partie du périsprit.
Lorsqu'on fait des expériences de dédoublement, on fait, par le magnétisme, sortir du corps

le périsprit, et, cependant, ce périsprit est comme tenu en laisse par la vie restée au pouvoir du corps. Si l'on prolongeait trop cet état, on amènerait la mort, et c'est justement ce qui arrive au moment de la désincarnation.

Seulement, dans ce dernier cas, le moment de suspension est beaucoup plus court que dans les expériences de dédoublement, parce que la vie ne réside plus que dans un corps malade, tandis que, dans le magnétisme, le corps vigoureux ne la laisse pas si facilement échapper.

Ces lois sont-elles, en somme, compliquées?

Ce sont des lois différentes des vôtres, mais pas plus compliquées que n'est une langue étrangère pour un Français.

Qu'appelez-vous nos lois?

Les lois qui régissent la terre et la vie.

(*Je parle d'un tableau épouvantable fait, dans un livre occultiste, de l'état des âmes après la mort.....*)

R. L. — Cela n'arrive qu'à ceux qui n'ont aucune connaissance spirite et qui, de plus, ont eu une existence mauvaise, car ceux qui ont fait leur devoir, qui ont suivi les principes de charité, d'altruisme, de dévouement, etc..., à quelque secte qu'ils appartiennent, ne redoutent rien — une fois morts, ils comprennent de suite, ils élèvent leur âme, et, soit qu'ils appellent Dieu, leurs anges gardiens ou les Esprits et les guides, comme, de toute façon, ils font appel à des entités supérieures, ils sont entourés et n'ont rien à craindre de cet épouvantable sort qui ne peut être le partage que de deux catégories de mourants: les misérables qui ont mené une vie coupable, et les matérialistes endurcis qui, n'ayant jamais voulu admettre la survivance de leur âme, ne peuvent comprendre ce qui se passe et ressentent cet affolement.

C. R. — Vous pensez bien que les assassins, les malfaiteurs de toutes sortes ne séjournent pas dans les sphères où vont les gens honnêtes — donc ils sont plus bas, plus souillés de matière, et leur physique, trop grossier encore, trop attaché au cadavre, se ressent de ces ignominieuses affinités. Ils sont repoussants, hideux, ces grands coupables, et c'est ce qui fait que certains médiums, comme sainte Thérèse, ont cru visiter l'Enfer.

L'extériorisation de ces voyants, ou, plutôt, leur dédoublement, s'est produit trop bas, et ils n'ont pu franchir la sphère de ces mauvais Esprits.

Il est dit qu'à la mort, les êtres du mal se disputent l'âme qui quitte la terre — est-ce vrai?

Celà dépend absolument de l'avancement. Si le désincarné est peu élevé, mauvais même, son périsprit est lourd et l'entraîne vers les couches inférieures où sont les Esprits de basse catégorie, mais, pour ceux déjà assez avancés, l'équilibre du périsprit se retrouve assez facilement — il flotte un peu indécis entre tous les fluides qui voudraient s'attacher à lui, et c'est alors que les amis qui l'ont précédé dans l'au-delà peuvent faire œuvre utile en attirant le nouveau venu par une puissante aimantation.

Quelques disparus insistent, dans leurs communications, sur le chagrin qu'on éprouve à voir les regrets de ceux qu'on a laissés en arrière!.....

Celà veut dire que, lorsqu'on reprend contact avec la terre, on sent la peine qu'on a d'être séparé de ceux qu'on a laissés. On sent alors cette séparation d'une manière assez terrestre pour ne plus éprouver le bonheur de l'au-delà. C'est pourquoi il ne faut pas appeler trop vite les nouveaux désincarnés. Une fois qu'ils sont tout à fait identifiés avec leur nouvel état, ils ne reprennent plus à la terre les sentiments de regret qui font partie de la planète.

Ils voient cependant toujours notre tristesse!

Oui, mais ils ont la notion plus exacte du temps, et la réunion leur apparait plus proche pour les consoler.

Quand le dégagement est complet, on comprend mieux parce qu'on est plus avancé.

CONFIGURATION DU SYSTÈME

(CHEZ EUX)

Carl du Prel a-t-il raison de dire que l'au-delà n'est pas un lieu, mais une sensation?

C. R. — Ce que dit M. du Prel est vrai, car la sensation peut être différente dans le même lieu — il est certain que si, autour de vous, à côté de moi, il y a des Esprits très peu avancés, leur sensation est toute différente de celle que j'éprouve, bien qu'à la minute précise nous soyions dans la même sphère, mais la différence existe en ce que, si je suis dans l'ambiance de la terre, ce n'est que volontairement, et que j'y conserve un état d'âme très supérieur.

Il faut comprendre que je peux m'élever au-dessus de la sphère terrestre, tandis que les Esprits inférieurs ne le peuvent pas.

Le mot au-delà n'est-il pas un peu impropre?

Il n'est pas impropre: au-delà de la vie, telle est la signification.

Roudolphe parle de l'endroit où vous êtes en disant: « là-bas »?

Cela ne fait rien, parce que « là-haut » est aussi un terme impropre. Ce n'est pas plus haut — c'est ailleurs, et ce n'est plus haut que par rapport à votre position terrestre.

Il n'y a ni haut ni bas dans l'infini, et, si nous nous servons de ce terme, c'est pour nous mettre à votre portée, afin de ne pas invoquer toute la science extra-terrestre qui nous a enseigné les lois de la gravitation.

Disons, si vous voulez, que là-haut et là-bas sont des termes fictifs destinés à vous faire comprendre une distance qui n'est franchie que par notre électricité jointe à celle des mondes, la gravitation étant une question d'électricité.

Est-il exact de dire que, seule, la certitude mathématique est capable de fournir un élément de conviction sur tout ce qui concerne l'au-delà?

Celà dépend de ce que l'on entend par certitude mathématique.

Si on fait entrer en ligne de compte tout ce que ces Messieurs ignorent, oui, en effet, c'est la seule chose probante, mais, ces calculs-là, ils seraient bien embarrassés pour les mettre d'aplomb, attendu que l'un des facteurs — les calculs de l'univers astral — leur manque.

Je suis sûre que tout le système est, en somme,

très simple, et composé d'une ou deux lois qui embrassent tout?

R. L. — Oui — c'est si simple, et cela semble si difficile à comprendre tant que l'on est sur terre!.....

Cela vous semble tout simple, à vous?

Oui.

C'est un ensemble dont il suffit d'avoir une clef pour tout ouvrir?

Oui, mais, cette clef-là, il n'y a pas de serrurier incarné qui puisse la fabriquer à votre usage.

Vous ne pouvez pas nous expliquer cela?

Non, parce qu'il faudrait partir d'un principe qui vous est inconnu.
C'est comme si vous vouliez expliquer la musique à un sourd qui, pour s'en faire une idée, aurait besoin de pouvoir se rendre compte de ce qu'est un son ou un bruit.

Alors, quand on arrive où vous êtes, on comprend tout à coup?

Oui.

Le Dr Hyslop a-t-il raison d'expliquer le peu de renseignements que donnent les Esprits de Mme

Piper en disant que leur monde est trop différent du nôtre pour qu'ils puissent nous en parler?

Les deux mondes ont énormément de rapport, mais il est certain qu'il y a cependant des choses ignorées de vous et dont nous ne pouvons pas vous parler, puisque cela ne répondrait à aucune des choses connues dans votre monde.

Le monde de l'au-delà est plus semblable au vôtre que l'auteur ne le dit, mais il suffit d'un point différent pour que tout devienne incompréhensible.

Les descriptions de l'au-delà données par Swedenborg sont-elles exactes?

Non.

En quoi s'est-il trompé?

En matérialisant le monde spirituel — nous n'avons besoin ni de palais de chrysocale ni de temples d'or et de rubis. La réalité de l'au-delà est plus magnifique, dans sa simple grandeur, que tous ces tableaux produits par l'imagination humaine. L'espace, avec ses splendeurs divines, est notre demeure — rien ne saurait être comparé aux jouissances que donne son libre parcours.

Ni le temps, ni la distance ne nous arrêtent, et c'est pour nous, qui nous souvenons des chaînes terrestres, une joie sans cesse renouvelée que cette liberté sans entraves.

CONFIGURATION DU SYSTÈME

Est-il vrai qu' « on peut déduire de ce fait qu'au moment où se produit une des matérialisations des séances d'Eusapia, celle-ci perd de son poids, que l'action de la pesanteur est liée non seulement à la partie dite matérielle du corps, mais à cette partie — disons fluidique — qui, dans certaines conditions, peut s'extérioriser »?

Oui.

La matière pèse davantage, et, la preuve, c'est qu'un cadavre pèse presqu'autant qu'un vivant, mais ce qui s'extériorise, c'est le fluide, dont le poids n'est absolument vérifiable que dans notre atmosphère, et, comme cette atmosphère est très différente de la vôtre, c'est ce poids qui fait tomber le corps dans notre plan en le séparant du vôtre. Cela fait une densité différente qui s'accorde avec notre atmosphère, au détriment de la vôtre.

C'est ainsi que se reconstitue l'être psychique tel que nous le voyons dans nos sphères.

Dites-moi sous quelle forme vous vous voyez les uns les autres?

C. R. — Sous la forme de l'enveloppe périspritale, qui nous permet de nous reconnaître.

A travers la succession des vies, notre périsprit se modifie légèrement, mais, cependant, conserve un type qui le suivra dans toutes ses incarnations.

Il suffit donc que, dans l'espace, nous rencontrions un ami pour que sa vue fasse revivre en nous des souvenirs, des émotions, qui donnent immédiatement à notre physionomie l'expression connue dans l'incarnation où nous étions avec l'ami rencontré.

N'y a-t-il pas des modifications résultant de l'âge auquel on s'est désincarné?

On a un type qui se poursuit avec des différences d'âge ou d'aptitudes, de moralité, d'intelligence — mais, en somme, c'est le même type, et, si un Esprit est mort enfant, il lui suffira de se retrouver en la présence d'un Esprit connu pour que, sa pensée se reportant à cette époque, il reprenne le physique qu'il avait alors.

En somme, chacun, en arrivant où vous êtes, vous reconnaît comme il vous a connu?

Oui, mais l'Esprit a, dans l'espace, dès qu'il est désincarné et heureux, un type plus affiné que ce qu'il était dans la matière. La forme des traits est la même, mais plus délicate, ce qui fait dire aux voyants qu'ils ont vu un tel plus beau et plus jeune.

Dès qu'il est désincarné, l'Esprit reprend son enveloppe-type, débarrassée de ses imperfections et des souillures de la matière, et il la reprend à l'âge de l'apogée, c'est-à-dire l'âge où l'on est dans la plénitude de ses facultés, car ni l'enfance, ni la sénilité, ne peuvent donner l'idée d'un être parfait.

Nos organes, nos sens, revivent dans notre pensée, quand nous sommes désincarnés — par conséquent, nos organes sensuels sont devenus inutiles. Il nous reste le meilleur, c'est-à-dire la pensée, la réflexion, et la concentration de tout ce qui s'exhalait au dehors par les organes des sens.

Mais nous avons toujours notre périsprit — par conséquent, nous conservons toute notre apparence physique. Nous avons seulement, en moins, la matérialité charnelle et un peu bestiale dont on a tant à souffrir sur terre.

Est-il vrai que le corps astral est coloré en blanc bleuté?

Ceci est une question de vibrations — c'est, du reste, le langage des couleurs et des images qui nous sert beaucoup.

Vous savez bien reconnaître, par vos médiums voyants, la qualité et l'élévation de l'Esprit d'après sa luminosité et sa couleur.

Quelle mine avons-nous quand nous allons vers vous?

Vous reprenez votre mine d'Esprit — nous vous voyons tels que vous êtes, mais spiritualisés, comme l'est tout corps éthéré, comme vous serez quand vous aurez aussi franchi la frontière et nous aurez rejoints dans le monde des désincarnés.

Vous êtes vêtus de fluides, comme les Esprits.

Il est donc indifférent de rapporter là où vous êtes un vieux ou un jeune périsprit?

C'est l'âge mûr qui est considéré comme l'apogée.

Si on meurt vieux, a-t-on là-haut un périsprit vieux et vilain, comme ce qu'on était devenu sur terre?

Non — on revient à l'apogée.
Une vie humaine, c'est une échelle. Il faut se faire, si je puis m'exprimer ainsi, acquérir son moi, sa supériorité, son apogée.

On emploie à ce travail l'enfance et les premières années de la jeunesse, puis, arrivé à ce point, on commence à descendre tout doucement vers la désincarnation. Je parle du corps.

Entre la naissance et l'âge mûr, il y a, pour le corps physique, croissance et développement, puis après, peu à peu, le corps se fatigue — il commence à s'user, à déchoir, et à préparer ainsi sa désincarnation.

Aussi reprend-on là-haut le physique de l'apogée, celui qu'on est venu façonner sur terre — on revêt l'enveloppe de l'œuvre achevée, et non de l'œuvre ébauchée ou en décrépitude.

Quant à l'âme, c'est autre chose — l'âme peut progresser encore longtemps après l'apogée physique, mais ceci est une question d'avancement, car l'âme qui a une force morale très grande peut, en dépit d'un corps qui s'use, rester grande et commander à ce corps, le dominer complètement, tandis que l'âme chargée d'un tout petit bagage d'acquis ne peut le mener au delà d'une certaine période, et, quand son cerveau débile ne la sert plus, n'étant pas suffisamment immatérielle pour puiser sa force en elle-même, elle suit les impulsions déréglées de ce cerveau, et s'atrophie.

Quelquefois aussi, c'est une cause de maladie qui, ayant miné le corps, a ainsi emprisonné l'âme dans une enveloppe insuffisante.

N'y a-t-il pas injustice, si le type reste le même, à ce que les uns soient toujours jolis et les autres toujours vilains?

R. L. — Les vilains ne sont pas toujours vilains — ils ont un type qui, en se déformant dans la matière ou dans un moule de parents vilains, peut produire, en effet, un être pas beau du tout, mais cette laideur ne sera qu'une déformation du type.

Cet être, une fois mort, sera débarrassé de sa déformation et reprendra son type initial.

Il ne reprendra sa laideur que quand il aura à se faire reconnaître d'un être connu dans l'incarnation correspondante, mais il lui apparaîtra singulièrement embelli.

S'il a à s'incarner de nouveau, il le fera en rapportant son type de l'espace, et, cette fois, si la matière qu'on lui prête n'est pas issue de vilains parents, il pourra être tout à fait joli garçon.

Dans l'espace vous êtes donc tous jolis?

Bien — de figure agréable et harmonieuse.

Puis, le type s'affine aussi par la perfection. Dans la première incarnation humaine, on a un type obtenu par un mélange de la dernière incarnation animale avec les premiers parents humains — cela donne le type qui sera poursuivi et affiné par la progression, mais cette perfection du physique n'est appréciable et remarquable que chez l'Esprit alors qu'il est dans l'espace, car, en incarnation, on peut être, quelquefois, laid tout en étant un être avancé — cela vient alors de ce que, pour avancer davantage et se défaire d'un défaut de vanité ou de fatuité, l'Esprit a désiré s'incarner chez des parents dont le physique a dû aider à la déformation du type.

Mais, dans ce cas-là, l'avancement de l'Esprit se lira quand même sur le visage de l'incarné, et c'est ainsi que, souvent, des hommes laids ne vous semblent pas aussi disgraciés de la nature, parce qu'ils ont une sorte de bonté, ou de distinction, ou d'intelligence dans la physionomie, tandis qu'un être beau garçon, mais primitif, peut vous sembler affreux.

C. R. — Les Esprits qui prennent des années et semblent obéir encore à la croissance matérielle, sont des Esprits qui restent attachés à leur enveloppe odique, et tels sont ceux vus par les personnes qui, ayant perdu leur enfant, le retrouvent à un âge plus avancé que celui de sa désincarnation.

L'évolution d'une âme ordinaire dans l'au-delà est une chose impossible — il faut la terre, ou une planète analogue, pour apprendre, car l'au-delà est une sphère de repos, faite pour méditer, reprendre des forces en vue d'un élan à donner pour monter encore plus haut, toujours plus haut.

L'âme n'y est pas assez soumise aux difficultés — on évite trop facilement les rencontres fâcheuses ou antipathiques — on ne s'y forme pas, en un mot.

On peut y progresser quand on est déjà très évolué, parce qu'on s'affine, mais il en est un peu pour l'âme comme pour l'ouvrier qui a besoin de travailler grossièrement la matière avant de faire du travail de détail — s'il commençait par là, si on lui montrait un objet à embellir avant que son goût ne soit formé et ne sache reconnaître les minuties de l'art, il regarderait cet objet et n'y trouverait rien à faire — ce qui existerait lui paraîtrait suffisant.

Il faut donc le dresser d'abord à exécuter des formes rudimentaires, grossières, puis peu à peu plus soignées, avant qu'il comprenne toute la finesse qu'on peut ajouter à une œuvre pour la parfaire.

L'âme est aussi une ouvrière qui doit venir apprendre l'ébauche sur terre avant d'être enveloppée des fluides de perfection qu'on peut trouver dans l'au-delà.

Les désincarnés qui ont été hommes dans leur dernière incarnation, ont-ils une apparence barbue où vous êtes?

Naturellement.

Comment le type peut-il se conserver, puisque le sexe change fréquemment d'une incarnation à une autre?

Pas si fréquemment que cela, chère amie. Dans ce cas, c'est le type principal qui persiste.

Si l'Esprit a été souvent homme et, un jour, a voulu savoir ce que c'est que d'être femme, c'est un incident sans importance, et il reprendra ensuite son type d'homme.

Puis, le type peut se prêter aux deux sexes; que de fois voyez-vous des fils ressembler tellement à leur mère que leurs visages vous semblent presque identiques?...

Quand l'Esprit rencontre un ami, il reprend le type connu de l'Esprit rencontré, et la simple présence d'un ami connu le reporte à l'incarnation vécue ensemble. L'ami le voit tel qu'il l'a connu, et il y a aussi bien un effet de vision de la part d'un des Esprits que de réalité de la part de l'autre.

Il y a toujours le type qui ne se perd pas, et les détails seuls sont de nature changeante, tant par le souvenir que par la vue des Esprits.

Que de choses que vous ne pouvez concevoir et qui vous semblent impossibles, tandis qu'elles sont si simples pour nous!

Ce fait du changement de sexe n'est pas si fréquent qu'on le croit — on a une certaine attirance vers le sexe primitif, soit par des raisons de tendresse, d'amour, soit par des sentiments généraux sensitifs, soit par un besoin d'agir plus énergiquement dans une incarnation masculine.

Si cette migration à travers les sexes était aussi répandue qu'on le dit, on ne remarquerait pas autant les êtres qui semblent avoir une âme virile dans un corps de femme, ou les caractères doux, pusillanimes, sensitifs, dans une enveloppe mâle.

Ces anomalies sont des exceptions, et si, justement, elles sont remarquables, c'est parce que l'âme masculine enfermée dans un corps féminin est vraiment mâle depuis de nombreuses incarnations, et a une empreinte indélébile.

Ensuite, il y a une chose positive, c'est qu'une fois à un certain plan, les sexes disparaissent, et que, précisément, il a fallu que les âmes sœurs, ou âmes épouses, soient séparées par un sexe différent en incarnation, pour se retrouver et se réunir en un entier, qui est deux âmes en une seule, ou deux moitiés d'âmes réunies en un entier.

Là, je vous attends: vous allez dire que vous ne comprenez pas, et ces choses sont, en effet, incompréhensibles pour les incarnés — c'est pourquoi je ne vous en parlais pas.

Pouvez-vous vraiment vous montrer à volonté comme de simples lueurs ou comme des formes?

R. L. — Vous pensez bien que se promener dans l'au-delà pour y être accosté par un tas de gêneurs, serait fort désagréable.

Il y a des êtres qu'on souhaite vivement ne jamais revoir, même au delà de la terre — des raseurs, des imbéciles, enfin des tas d'individus qu'on évite chez vous en fermant sa porte et qu'on n'éviterait plus chez nous...! Ce serait infernal, et, vraiment, on aurait échangé une vie désagréable contre une insupportable!

Du moment que l'Esprit est simplement une lumière, il échappe aux gêneurs et passe incognito à travers une foule d'autres lumières et d'autres Esprits.

Mais, qu'il veuille se faire reconnaître!... il a immédiatement à son service ce que vous appelez l'idéoplastie qui lui permet de se reconstituer véritablement dans la forme évoquée par lui, mais qui est très embellie et idéalisée par la disparition du corps charnel. Seul, le corps périsprital subsiste, et celui-ci est beaucoup plus beau que l'enveloppe matérielle.

Selon le désir de l'Esprit, ce corps périsprital n'est qu'une lueur, une lumière quelconque, ou, au contraire, il se reconstitue dans sa forme. La reprise de la forme étant volontaire, on peut s'en revêtir, si on le désire, et beaucoup d'Esprits circulent ainsi, tandis que d'autres effacent cette forme.

C'est comme cela que se retrouvent ceux qui se cherchent?

Oui, et le simple souvenir évoqué, le simple désir de se retrouver, remet en présence ceux qui en ont envie.

―――

Devient-on de suite plus intelligent là où vous êtes?

On devient très rapide — on comprend très

vite. La réponse à faire vient tout de suite, sans effort — vous verrez.

Tous deviennent-ils plus intelligents?

Oui. C'est-à-dire qu'on a la liberté de toutes ses facultés acquises — on les possède très bien, et sans l'intermédiaire des sens humains, qui sont une entrave de lenteur.

Est-il vrai que « la conservation de la mémoire serait, au point de vue matériel, le phénomène le plus incompréhensible de la réincarnation »?

Non, parce que le cerveau n'est que le véhicule, le transmetteur des idées au plan physique.

S'il en était autrement, comment se ferait-il qu'un somnambule puisse, dans la période d'extériorisation, aller prendre connaissance des choses vues dans l'astral, choses dont il ne se souvient que s'il est plongé de nouveau dans le sommeil somnambulique?

Si ce qu'il voit, extériorisé, était rapporté au cerveau matériel, le souvenir persisterait.

En arrivant dans l'au-delà, on se souvient des grandes lignes des vies passées, mais, comme la nouveauté de l'avenir nous attire toujours, ce rappel du passé est un livre qu'on feuillette peu souvent et sans intérêt.

Plusieurs prétendent que les Esprits n'ont pas, dans l'au-delà, acquis un atome de science, et n'ont rien gagné en élévation morale?...

Ce n'est pas vrai. Rien que la dématérialisation est déjà une raison d'avancement moral.

Puis, nous pouvons vous instruire sur la sphère qui vous est inconnue et que nous connaissons très bien, puisque nous l'habitons, et c'est déjà un enseignement qui n'est pas à dédaigner.

Nous nous perfectionnons par la réflexion qui nous porte à juger les choses sans colère et sans indignation, parce que nous les voyons de haut.

Nous apprenons, en regardant s'agiter le monde terrestre, à mépriser toutes les petites vanités, les exigences, la domination, et à les apprécier à leur juste valeur.

Enfin, nous recevons des instructions d'Esprits très élevés — nous assistons à leurs conférences, nous prenons part à leurs travaux.

Nous n'avons pas à lutter, c'est vrai, mais nous avons la paix et le repos nécessaires après la lutte terrestre. Nous agissons comme les anciens gladiateurs après le combat — nous faisons panser nos plaies et nous apprenons à nous juger. Nous tirons alors parti de tous les actes qui ont formé notre existence passée, et nous entrevoyons un progrès qu'il eût été peut-être difficile d'acquérir si nous n'avions pas quitté la terre.

Nos moindres fautes deviennent-elles, dans l'au-delà, « une cause de regrets incessants »?

C. R. — Non. Cette conception sent encore les religions dogmatiques.

Etre bourrelé de remords, déchiré par les regrets, constituerait un état passif et nuirait à l'avancement des Esprits.

Lorsque nous arrivons dans l'au-delà et que le passé se déroule rapidement devant nos yeux, mettant à nu nos fautes et nos responsabilités, nous commençons par avoir le regret que comporte la certitude de n'avoir pas toujours et en toute occasion accompli notre devoir, de nous être retardés sur la route du progrès, mais, presqu'immédiatement, cette vision est suivie de celle des existences passées — alors, nous examinons, nous comparons, nous nous rendons compte du chemin parcouru et de celui, encore plus considérable, qui reste à parcourir.

Autour de nous, nous voyons des Esprits de la même catégorie que nous, mais nous en voyons d'autres beaucoup plus élevés, plus lumineux, et ceux-là nous redonnent du courage — ils nous font comprendre la nécessité de ne pas aller trop vite afin d'avancer plus sûrement — ils nous font entrevoir notre vie telle qu'elle doit être comprise dans l'au-delà, et nous engagent à mettre à profit le temps de l'erraticité.

Il ne faudrait pas croire que nous sommes inactifs!... Non — que nous ayons à reprendre la vie sur terre ou que ce soit sur une autre planète, il y a un postulat très nécessaire et qui nous oblige à une constante attention, à un incessant souci de bien faire et de préparer notre âme en vue de la lutte future qu'elle subira dans l'incarnation qui lui sera dévolue.

Cette activité demande du courage, et le courage est le propre de ceux qui ne sont pas désespérés — comment donc l'Esprit plongé dans les larmes des regrets stériles pourrait-il faire ce travail si nécessaire?

Vous semblez plaindre infiniment les Esprits qui, comme vous dites, rentrent dans la chair et recommencent une existence humaine — avez-vous gardé le souvenir de vos terribles souffrances dernières?

Non — on oublie les souffrances du corps à mesure qu'on s'élève au-dessus de la matière, parce que le souvenir même de la souffrance en serait une.

Roudolphe a dit une fois, après une longue période de silence entre nous: « Mes amies, je suis heureux de vous avoir retrouvées, comme un Esprit » — les Esprits peuvent-ils donc être plus heureux que nous?

Oui, certainement. Un Esprit peut être beaucoup plus heureux que vous, car toutes vos peines et vos souffrances sont les conséquences de votre condition terrestre, des obligations matérielles et de l'enchaînement à votre corps.

Supprimez de votre existence charnelle le souci de chaque jour, les souffrances infligées par la planète, les mille désagréments contre lesquels il faut vous garantir, et vous serez beaucoup plus heureux, car tout ce qui vous entoure est élément de mort ou de souffrance, et votre vie entière se passe à vous défendre contre le froid, la chaleur, la faim, les éléments.

Vous ne savez rien du lendemain, et, quand le présent semble vous sourire, votre âme agitée et inquiète cherche, dans un avenir incertain, les éventualités réelles ou chimériques du malheur suspendu sur la vie humaine en général, et dont vous craignez toujours la chute sur vos têtes.

Il n'est donc pas vrai que chaque homme doit passer par les deux états qui sont désignés sous les noms d'Enfer et de Ciel?...

Ceci a une apparence de vérité en ce sens que notre domaine devant être habité par chacun des désincarnés, il y a cependant là des états différents, proportionnés à la somme de qualités ou de vices qu'on a emportés avec soi, et, le temps n'existant pas, il est facile à ceux que leurs défauts ont plongés dans une sorte de période ténébreuse, de se croire en Enfer, tandis que d'autres, morts dans la foi catholique et déjà plus avancés, ne voyant ni Dieu, ni Paradis, se croient en Purgatoire, puisqu'il est dit, dans le catéchisme, que la souffrance des âmes du Purgatoire est de ne pas voir Dieu.

Là est la cause des communications orthodoxes reçues dans des milieux catholiques et émanant de leurs amis désincarnés. Il n'y a que ceux assez évolués pour se reconnaître qui comprennent que Purgatoire et Enfer n'existent pas, et, cependant, ces mots impropres et employés par les chrétiens sont faits pour désigner des états qui existent parfaitement.

Vous voyez que nous en revenons à une certaine analogie avec le langage catholique, et qu'il ne faut pas accuser de mensonge un prêtre désincarné qui, s'étant parfaitement rendu compte de l'erreur, répondrait cependant à cette question d'un médium: « Le Purgatoire et l'Enfer existent-ils?» par une affirmation.

Il ne mentirait pas, puisqu'il se servirait de mots connus de ses interlocuteurs, pour leur parler d'un état existant dans sa forme mais non dans sa durée.

Il n'y a donc plus chez vous de division du temps en jours et en nuits?

Si on se met dans l'aura de la terre, on a la division du temps comme vous l'avez, mais, si on monte plus haut, on n'a plus de nuits ni de jours — on a une perpétuelle journée merveilleusement belle, et on est enivré par des sensations vibratoires infiniment plus raffinées que celles de la terre.

Ne vous méfiez pas, vous serez satisfaite.

Pouvez-vous vraiment créer les objets dont vous avez envie?

Oui — c'est une projection de la pensée. La

projection de l'image crée l'objet — on l'a réellement si on l'a en image.

Mais ce n'est qu'une illusion!

Ce n'est pas plus une illusion que ce n'est une illusion de croire sur terre que vous habitez une maison et que vous êtes sur une chaise longue. Cette chaise longue est, vous le savez bien, un composé d'atomes qui se meuvent et se trouvent réunis par les vibrations générales.

Si l'on raisonnait ainsi, selon les lois de la physique terrestre, on serait épouvanté de constater que rien n'existe, et, cependant, vous jouissez des bienfaits de la matière, et, pour vous, ils existent réellement.

Il n'est donc pas étonnant que lorsque vous serez Esprit vivant dans une atmosphère différente soumise à d'autres lois physiques, vous puissiez jouir d'une matière appropriée au plan que vous occuperez, mais qui, pour vous, est une véritable fiction.

Ce n'est donc vraiment pas le règne de l'illusion et du mensonge?

C'est de la réalité pour l'Esprit lui-même. Comment voulez-vous réaliser la matière grossière sur un plan où votre matière n'existe plus, où aucune matière grossière n'existe?... C'est impossible.

Vous appelez celà illusion parce que ce n'est pas votre domaine, et, nous, nous appellerions volontiers la terre le royaume des illusions, puis.

que rien n'y est parfait et que la matérialité y salit tout.

———

Vous n'avez même plus de discussions là où vous êtes?

R. L.— Ce n'est pas la même chose que sur terre. Nos groupements sont sympathiques en raison de notre degré d'élévation, ce qui fait que plus nous sommes élevés, plus nous sommes heureux, n'ayant pas à souffrir par le fait d'Esprits moins avancés que nous.

Vous n'avez de sentiments hostiles contre aucun de ceux qui ont été mauvais pour vous sur terre?

C. R. — Non, je ne déteste personne.

Ce sera ennuyeux de ne plus avoir un sentiment un peu vif et franc!

Vous croyez?... Détrompez-vous: on a une manière de considérer les non-évolués qui ne peut inspirer que la pitié. Cela fait plaisir de les instruire et de les voir gagnés enfin par l'évidence de la vérité!... Mais tous ne s'avouent pas vaincus!

Peut-on toujours voir les gens qu'on aime?

R. L. — Oui, toujours.

Et les indifférents?

Hum... ils se retrouvent, si l'on veut.

Est-il vrai que « les désincarnés ne sont point liés à leur passé par ces formes transitoires de sentiments qui sont le partage du mortel humain »?

C. R. — J'ai répondu à tout cela par avance lorsque je vous ai dit qu'on se créait une famille d'âmes et que quelques-unes de ces âmes évoluaient avec vous dans la succession des existences.

Avec les autres, il y a des degrés différents d'affection — ce n'est pas parce qu'on aura eu tels Esprits comme père et mère qu'on devra les retrouver avec une joie immense. On les reverra avec un grand bonheur s'ils étaient des âmes sympathiques à la vôtre — sinon, leur parenté aura été un simple accident, un instrument de vie, et c'est tout.

On rencontre donc là-haut même des gens auxquels on ne pensait guère?

R. L. — Oui, comme sur les Champs-Elysées.

Votre monde ressemble bien au nôtre!

Beaucoup plus qu'on ne croit.

Mais tous ceux qu'on a connus ne sont pas dans un même lieu?...

Non — cela dépend de leur degré d'avancement.

Si l'on s'est aimé, on se retrouve toujours, car on évolue par groupes sympathiques, et remarquez que, très souvent, sur terre, les êtres les plus parfaits sont des abandonnés, privés de toute affection terrestre, méconnus, bafoués, etc..... Ce sont les derniers restes d'un groupe sympathique, et lorsqu'ils quittent la terre, c'est bien définitivement, pour aller retrouver les autres qui, les sentant mûrs et près de la fin de l'épreuve, ne s'en inquiètent plus jusqu'au jour où ils viendront les rejoindre.

Papus a-t-il raison de dire qu'il y a, sur le plan invisible, des êtres sentimentaux féminins, et des êtres mentalement masculins?...

C. R. — Oui. Ce qu'il appelle le sentiment féminin ou masculin est une manière de désigner un sexe qui n'est plus matériel.

M. Chaigneau, lui, parle de l'éternité de l'amour conjugal!...

Oh, cela ne signifie absolument rien, parce que le vrai amour est un. Il peut y avoir des unions sur terre et ces unions n'être que de simples associations vers un but familial, mais chacun de nous a un être de choix avec lequel il échangera perpétuellement les sentiments d'amour unique qui n'ont rien à faire avec l'association dont j'ai parlé plus haut.

Appelez cet Ego âme-sœur, si vous voulez.

On ne la rencontre pas forcément dans chaque existence, et il est surtout rare de la rencontrer dans le mariage, car l'incarnation est une épreuve, et elle deviendrait une béatitude s'il s'agissait de la passer intimement uni à cette âme-sœur qui est le plus parfait des compléments de toute âme. Au bout d'un assez grand nombre d'existences, pourtant, les Egos se retrouvent et vivent ensemble. Plus ils se perfectionnent et plus cette vie devient continue.

On peut donc avoir été marié et n'avoir pas à retrouver avec joie celui ou celle à qui on a été uni sur terre.

Chaque être a-t-il une âme-sœur?

Oui.

C'est toujours un Esprit masculin et un Esprit féminin qui sont ensemble?

Oui.

L'une de ces deux âmes peut-elle être beaucoup moins intelligente que l'autre?

Non — c'est plutôt rare.

En général, deux âmes ne deviennent âmes-sœurs qu'au moment où leurs vibrations fluidiques sont égales — de là leurs mêmes affinités, leur mêmes tendances.

Ce sont, en somme, deux fluides de couleur différente mais de même transparence, qui s'unissent pour ne former qu'une seule nuance, laquelle devient harmonieuse et superbe.

Les aptitudes de ces âmes-sœurs peuvent être

différentes: l'une, par exemple, sera très intelligente pour les arts, l'autre aura les sciences.

C'est décourageant pour qui n'a ni l'un ni l'autre!

Oh, je prends des exemples.

La bonté compense-t-elle l'intelligence?

Non, il y a un degré à atteindre, en bonté surtout, pour devenir âmes-sœurs.

Elles ne sont pourtant pas parfaites?

Non — puisqu'elles s'unissent pour compléter leur évolution ensemble.

Il faut, en un mot, qu'elles soient au même degré?

Oui.

Quand une âme-sœur est incarnée, elle ne sait rien de celle qui ne l'est plus?

Mais, de là-haut, on aperçoit l'autre.

Tous ceux qui sont à un certain degré ont une âme-sœur?

Oui.

C'est, en somme, une récompense?

Vous avez dit le mot juste.

C'est délicieux?

Oui.

Quelques-uns ont-ils momentanément leur âme-sœur sur une autre planète?

Cela peut arriver.

La vraie vie, c'est l'au-delà où l'on se retrouve toujours — c'est le foyer où l'on rentre le soir se réunir, après une journée de labeur qui a dispersé tous les membres de la famille. Qu'importe si le jour est rempli par telle ou telle occupation, dans tel ou tel milieu? on le passe en songeant à la réunion qui rassemble, le soir, tout le monde au logis.

Ainsi s'écoulent les vies successives, courtes ou longues, heureuses ou malheureuses. Ce qu'elles sont importe peu, car, au fond de toute âme, la prévoyance divine a placé la croyance à l'éternel bonheur, à la grande réunion, et, sous tous les cieux, chez tous les peuples, dans toutes les religions, cette croyance au repos extra-terrestre a soutenu les âmes, en les engageant à être patientes et à espérer le soir paisible qui repose des luttes d'un jour laborieux.

Restons sur cette douce et consolante pensée de la réunion finale.

En tous les cas, vous paraissez être bien heureux et n'avoir guère besoin de nous!...

C'est une erreur très fréquente chez les spirites de croire à notre puissance et de penser qu'ils ne peuvent rien pour nous. Vous êtes sur le champ de bataille des idées et avez des organes matériels pour vous manifester au monde physique, tandis que nous, il faut que nous trouvions tant de circonstances particulières pour nous manifester, et cette manifestation est, en général, si dépourvue de contrôle, que nous serions, sans vous, des infirmes spirituels dans le monde matériel.

Mais vous vous en moquez bien, du monde matériel !...

Non, parce qu'il faut qu'il évolue.

Nous venons au devant de vous pour vous dire : « Nous sommes encore » et vous consoler — c'est une mission de bonté que nous remplissons.

A cette assertion qu'il est plus logique que les Esprits prient pour vous que vous pour eux, je répondrai qu'il faut une union, un lien pour que la force spirituelle se matérialise en faits matériels ou physiques.

Vous voyez bien que, pour obtenir notre communication, il faut la demander, et, pour certains phénomènes, se recueillir, se concentrer, afin de jeter le pont entre les deux mondes.

Or, si nous prions pour vous, si nous vous désirons du bien, du soulagement, nous jetons vers vous notre puissance. Mais, si vous n'étendez pas les mains pour la recevoir, où ira-t-elle, cette puissance ? Elle se dispersera et ne vous atteindra pas.

C'est toujours le même principe de l'union entre la sphère terrestre et la sphère astrale — ce travail a besoin d'être fait des deux côtés à la fois pour donner un résultat appréciable. Nous avons déjà une grande difficulté à rendre effectifs sur le plan matériel nos pouvoirs spirituels — faites la moitié du chemin et cela réussira.

Les spirites de cette école se cabrent en pensant qu'on n'a pas besoin de demander!... D'accord, mais encore faut-il que nous puissions donner — si on ne nous ouvre pas la route, nous ne pourrons pas arriver à votre demeure!

Tous les incarnés pourraient-ils, s'ils le voulaient, avoir des Esprits souvent présents parmi eux?

R. L. — Oui — il faut faire de nous des hôtes, et non des ennemis.

Est-il bien de dire que vous vous éloignez de ceux des incarnés qui ne vous appellent jamais?

C. R. — Ceux qui ne nous appellent jamais et ne pensent plus à nous créent autour d'eux une atmosphère irrespirable pour nous, et nous ne pouvons, à mesure qu'ils avancent dans la vie, pénétrer ce qui nous devient une obscurité complète — c'est comme un endroit retiré, sans issue aucune, où tout s'obscurcit et s'épaissit.

Il n'est donc pas vrai que vous fassiez un sacrifice en venant vers nous?

R. L. — Non, c'est faux.
Ce n'est vrai que pour une catégorie d'Esprits très peu avancés, qui, sortant de la terre, y de-

meurent attachés, et, par conséquent, restent au même point que s'ils n'étaient pas désincarnés. S'ils devaient toujours y rester, ils verraient encore les vilenies qui y existent, et leur imperfection elle-même les attirerait vers les gens inférieurs— le contact qu'ils n'auraient nullement perdu leur permettrait de matérialiser trop leur périsprit et leurs sensations, et cela les empêcherait de progresser.

Mais, pour ceux qui sont déjà avancés, c'est différent — ils ont déjà été plus haut, se sont instruits et perfectionnés, et leur mission ne peut entraver leur progression, ni être pour eux l'objet d'un sacrifice.

Ils se sentent assez évolués pour ne plus craindre le contact et les exemples mauvais — c'est comme ceux qui ne redoutent pas d'aller habiter dans un pays sauvage, sachant que leur civilisation les empêchera de devenir sauvages eux-mêmes.

Un Esprit désincarné depuis longtemps, comme vous, peut-il moins bien donner des preuves, parce que beaucoup de souvenirs se sont perdus?

C. R. — Oui. C'est pour cela qu'on a toujours des preuves avec des nouveaux désincarnés et quand on commence à faire des expériences, alors qu'on interroge généralement ceux-là.

Au bout d'un certain temps, les détails s'effacent et on ne peut plus affirmer sa personnalité que par l'ensemble du caractère, par l'ensemble de l'être disparu qui se garde toujours semblable à ce qu'il était autrefois.

Que dire à ceux qui prétendent que l'identité d'un Esprit est impossible à reconnaître?

R. L. — Il faut répondre que, d'abord, n'importe quel Esprit ne peut pas venir vous donner une preuve, parce que les Esprits ne sont pas autant au courant de la vie des mortels qu'on veut bien le dire. Puis, il y a une pierre de touche qui ne trompe guère.

Faut-il croire aux signatures de grands hommes de temps reculés, dans des communications d'ailleurs sérieuses?

Non — il y en a d'apocryphes.
Souvent, ce sont des envoyés, des disciples de ceux dont ils prennent le nom — c'est pourquoi ils se le permettent.
Il vaut mieux ne pas reproduire ces signatures parce que beaucoup de personnes ignorent cette transmission, et s'étonnent à juste titre, comprenant que ceux qui ont quitté la terre depuis si longtemps n'y reviennent plus.

Est-il vrai que le périsprit disparaît si on ne doit plus se réincarner?

Les périsprits se transforment pour la réincarnation sur des planètes plus perfectionnées.
En attendant, ils peuvent généralement se manifester — je dis généralement, parce que, lors-

qu'on est tellement élevé qu'on a perdu le contact avec la terre, on ne peut plus le faire.

Supposez qu'on puisse circuler en aéroplane ou en ballon d'une planète à une autre... ou plutôt qu'il soit possible de tenter ce voyage? Qu'arriverait-il?

On monterait longtemps avec la faculté de redescendre sur terre à son gré, mais, à force de monter, on atteindrait des espaces interplanétaires où l'attraction que l'aura des planètes exerce sur les corps fluidiques n'existe plus, et, à partir de ce moment, on ne pourrait plus redescendre. Puis, après des efforts inouïs, on franchirait cette zone pour pouvoir atterrir sur Mars ou sur Saturne.

Eh bien, l'évolution des Esprits peut être comparée à cette supposition fantaisiste: tant que les Esprits sont dans l'attraction psychique de la terre, ils peuvent communiquer avec elle, mais si, à force de jeter du lest, ils arrivent à perdre leur point de contact, ils se trouvent privés de communications jusqu'à ce qu'ils aient pris les fluides d'un monde plus en rapport avec eux.

Mr Méry dit que « si les Esprits n'ignorent aucun de nos faits et gestes, rien ne les empêche de prendre le nom d'un personnage désincarné quelconque et de nous faire croire qu'ils sont ce personnage, en nous fournissant sur son histoire et son caractère les renseignements les plus détaillés »?

Ce journaliste ne parle que des Esprits légers.

Evidemment, vous êtes sur terre entourés d'une quantité d'Esprits qui ne demandent qu'à se distraire en venant causer avec les incarnés, grâce aux médiums qui leur servent de moyen. Mais ils ne sont pas, comme le croit Mʳ Méry, si bien renseignés sur ce qui vous concerne — ceci comporterait une science et une puissance de facultés qui n'appartiennent qu'aux Esprits élevés, et ceux-ci ne cherchent jamais à vous induire en erreur.

———

D'aucuns prétendent qu'un Esprit venant causer avec nous ne se souvient pas du tout de ce qu'il voit dans les régions de l'au-delà?

C. R. — C'est faux. On se rappelle absolument le milieu qu'on a quitté — incomplètement, du reste — et nous conservons son souvenir aussi bien que, dans nos sphères, nous conservons le souvenir de ceux que nous avons devancés et qui sont encore incarnés.

Il n'est donc pas exact que « les Esprits ne peuvent avoir une perception directe de notre monde »?

Non — il y en a qui voient très nettement, d'autres qui voient mal, et d'autres pas du tout. Nous voyons, mais pas tous de la même façon.

Nous voyons surtout les choses vivantes — les hommes et les animaux. Quant aux autres objets, nous les voyons moins nettement — nous avons besoin, pour cela, de nous rapprocher beaucoup plus de la terre, d'y reprendre des fluides, de faire une sorte de travail que tous ne peuvent accomplir d'une manière absolument nette.

Quelques Esprits, restés voisins de la terre et qui se retrempent facilement dans ses fluides, voient nettement les objets, mais ceux qui, comme nous, ont déjà beaucoup évolué, voient l'ensemble et ne peuvent quelquefois bien voir les détails.

Vous dites que les Esprits inférieurs sont, en majorité, autour de la terre — quelle est donc la place des guides?

R. M. — Je ne vois ici aucune contradiction.

En effet, les Esprits inférieurs se tiennent près de la terre, car ils ne sauraient s'élever beaucoup, et leurs attaches matérielles, leurs vices, les rappellent encore sur la planète qu'ils ont quittée et où ils espèrent retrouver les facultés perdues par la mort, et les quelques joies bien pâles qu'ils ont goûtées pendant leur existence. Tout les incite à y demeurer, et, bien qu'ils ne puissent reprendre la vie, ils cherchent à en apprécier encore les jouissances.

Quant aux guides, ils se tiennent plus haut, et vous faites erreur en pensant que les Esprits guides ne peuvent pas s'occuper des incarnés et les protéger sans partager leur vie et résider sur la terre.

Ce serait, croyez-moi, un état bien pénible et qui enlèverait à ces Esprits toutes les joies qu'ils ont le droit de goûter, et qu'ils ont gagnées par leur perfectionnement, car être Esprit-guide prouve déjà un certain avancement et appelle à une élévation assez grande pour que le voisinage de la terre soit plutôt une gêne et une souffrance.

Les guides n'ont donc nul besoin de séjourner sur terre — ils surveillent leurs protégés de loin, mais leurs sens extra-terrestres sont si parfaits qu'il n'est pas nécessaire pour eux d'être très rapprochés de la terre pour entendre, voir, sentir.

Leurs facultés traversent l'espace sous forme d'intuitions, sous forme fluidique, et viennent trouver ceux auxquels elles s'adressent, et, alors même que des médiums voyants aperçoivent les guides, c'est une illusion d'optique de les croire aussi voisins — ils sont bien là, en effet, mais ils y sont plutôt en image qu'en réalité, et, si le médium les voit, c'est qu'il se transporte entre les deux mondes, et qu'empruntant à l'au-delà de nouvelles facultés, il peut percevoir l'image astrale qui se répercute sur le plan physique.

Tous les Esprits avancés sont-ils des guides?

R. L. — Non — il y en a beaucoup qui n'en sont pas.

Cela dépend de leurs aptitudes. Il y a des Incarnés qui ont horreur du professorat et ne désirent nullement l'exercer dans l'au delà, mais il y a assez de missions différentes pour que chacun puisse travailler à son avancement dans la voie qui le séduit.

Vous n'êtes pas un guide?

Non — cela me serait insupportable. Je préfère l'étude à la vulgarisation.

Adèle a parlé l'autre jour de ses guides — un même incarné en a-t-il plusieurs?

C. R. — On n'en a qu'un principal, mais ce guide en a lui-même d'autres — car c'est une grande hiérarchie que celle des Esprits — et ce sont ceux-là qui décident en dernier ressort.

(*Je parle du chagrin que doivent avoir ceux d'entr'eux qui ne peuvent pas éviter une catastrophe à ceux qu'ils aiment ici-bas!...*)

R. L. — Oui, c'est triste, mais nous voyons le but et il est si beau que le chemin qui y conduit perd de son horreur.
C. R. — Les incarnés apportent peu d'attention à la poupée cassée de leur fillette, parce qu'il leur semble que les larmes versées pour une semblable vétille sont bien puériles et qu'il faut les garder pour des sujets plus sérieux — cependant, l'enfant souffre réellement, et son chagrin est aussi grand que le sera celui de sa mère si elle vient elle-même à perdre sa fille.
Eh bien, si l'incarné n'attache aucune importance au chagrin de l'enfant, cela ne l'empêche

pas de l'aimer très tendrement — ainsi en est-il des Esprits très évolués: la distance qui les sépare des fluides de la terre les sépare, pour ainsi dire, de cette pensée que les attardés souffrent réellement, et ils se disent que ce sera si court et de si peu de valeur que l'âme ne peut qu'en bénéficier.

C'est une erreur de croire que le spiritisme empêche de souffrir, car, si cela était, ce serait un malheur que d'être médium, puisque cela supprimerait tout le mérite d'une existence vaillamment acceptée, et cela enrayerait le progrès qu'on attend et pour lequel on a consenti à souffrir. Le spiritisme est seulement une consolation aux peines physiques et morales qui sont le fardeau des terriens, et, si l'on se considère comme privilégié d'être médium, il ne faut attendre de cette faveur qu'une force morale plus grande pour subir courageusement l'épreuve.

Comment se fait-il que vous puissiez guider un incarné sans connaître son avenir?

R. L. — Vous allez comprendre: guider n'est pas aplanir les difficultés et mener ceux qu'on guide vers le but certain de la vie, car, alors, où serait le libre arbitre? Par conséquent, nous guidons par les impulsions, et en faisant naître dans le cerveau de nos protégés plusieurs façons d'agir entre lesquelles nous leur laissons le choix — de même l'employé qui étale devant vous des étoffes — mais nous n'avons pas la permission de les pousser absolument dans le chemin qui doit être le vrai, parce qu'il y aurait injustice, et que, dans nos sphères, rien n'est injuste.

Les guides sont beaucoup plus guides moraux qu'autre chose — ils laissent le libre arbitre à leurs protégés, et les avertissent seulement en cas de fausse route, mais ils ne sont pas toujours écoutés.

Etant donné ce que vous dites, que vous n'êtes que plus ou moins obéis, trouvez-vous que le mot guide soit bien en situation?

C. R. — Oui, parce que, si l'être humain que nous guidons nous obéissait, il serait véritablement conduit sagement par nous — plus on est avancé, plus on se laisse guider facilement.

Est-il vrai que les Esprits peuvent lire dans notre pensée?

C. R. — Si vous faites appel aux Esprits et que vous vous mettiez en communication avec nous, nous pouvons parfois lire dans votre pensée, mais nous ne lisons pas en dehors de l'appel spirite.

En somme, il faut bien que nous puissions y lire — autrement, il serait inutile de nous faire des questions mentales comme vous nous en avez fait parfois.

La vérité est que ce que nous lisons est une synthèse de la pensée, mais que le détail est plus difficile à préciser, et que, pour cela, il faut un médium.

Dites-nous une fois si tous les Esprits peuvent voir ce que nous faisons et venir nous observer?

Non, pas les premiers venus, parce que les premiers venus sont assez grossiers et n'ont guère les facultés plus développées que de simples humains.

Ils voient plutôt les choses matérielles?

Oui, plutôt, mais d'une manière confuse.

Puis, ils ne peuvent pas non plus se transporter partout à leur gré. Ils sont vis-à-vis de vous ce que vous êtes par rapport à nous — vous ne nous voyez pas parce que votre matière est peu perfectionnée et différente de la nôtre, et eux ne vous voient pas parce qu'ils n'ont pas encore acquis les sens qui leur permettent de vous voir et de vous entendre.

Ils voient seulement les endroits qu'ils ont connus, et y reviennent fréquemment, de sorte que, si vous habitiez une maison où il y ait eu des décès, vous auriez probablement des visites d'Esprits — c'est ce qui explique les maisons hantées.

Nous voyez-vous, oui ou non?

Oui, excepté lorsque je suis en train d'écrire, parce qu'alors ma force fluidique étant concentrée sur le phénomène dont je m'occupe, il ne s'en dissout qu'une petite partie qui reçoit les sensations venant d'ailleurs, de sorte que, lorsque quelqu'un est tout près, nous le sentons, mais nous pouvons être induits en erreur et sentir également quelqu'un qui n'est pas encore là mais dont la pensée vient à notre rencontre.

Nous voyez-vous dans l'obscurité?

Oui, encore mieux.

Pourquoi mieux?

Parce que vos rayons terrestres ne s'accordent pas très bien avec les nôtres, et que les nôtres, étant de nature phosphorescente, se manifestent mieux dans l'obscurité—or, se manifestant mieux, ils nous aident à vous voir.

Vous ne voyez clair que grâce à vos rayons?

Oh non, mais nous voyons mieux, et plus nettement, avec nos rayons.

Les rayons du soleil ne vous servent donc à rien?

Non — nous pouvons nous en passer en nous servant de nos propres rayons.

C'est notre double que vous voyez?

Oui, surtout.

Vous dites « surtout »... Vous nous voyez donc aussi?

Oui — cela dépend des cas, des fluides volatillsés dans la pièce, et de toutes ces petites choses qui entourent la médiumnité.

Qu'est-ce que l'ouïe des Esprits?

C. R. — L'ouïe des Esprits est une intuition, c'est-à-dire que c'est une ouïe différente dans sa cause, mais non dans ses effets, de celle des incarnés.

En est-il de même pour la vue?

Non, c'est autre chose.

Il n'est donc pas vrai, comme certains le disent, que vous ne pouvez pas nous voir mieux que nous ne vous voyons?

Nous ne sommes pas du tout dans les mêmes conditions que vous, car, sans cela, nous ne pourrions pas venir à votre appel.

Comment vous y prenez-vous pour retrouver ceux qu'on vous demande, quand vous ne les voyez pas habituellement là-haut?

R. L. — C'est quelquefois très difficile, et les incarnés ne le comprennent pas suffisamment.

Il faut procéder par attraction et rechercher les fluides semblables, comme des sortes de courants destinés à nous mettre sur la voie.

Souvent nous recherchons l'époque de la mort et nous voyons à quelle combinaison fluidique se rattache la désincarnation. Mais ces moyens ne sont pas rapides, et le plus sûr est de chercher quelqu'un qui connaisse l'Esprit évoqué.

Si l'Esprit vous est connu, comment faites-vous?

C'est beaucoup plus facile: je cherche à influencer sa pensée et à le faire venir, de même que je me laisse guider également par mon désir de le joindre, qui est une sorte d'instinct semblable à celui d'un pigeon voyageur.

Pouvez-vous nous dire quelle est la réincarnation de certains grands personnages?

Non, nous ne sommes pas autorisés à dire ce que sont devenus les réincarnés, et les Esprits qui viennent, soi-disant, vous apprendre ces choses, vous trompent.

Ce qu'ils disent n'est-il pas quelquefois vrai?

Quelquefois, mais, c'est rare, car il s'agit toujours de personnalités marquantes, et on ne s'entendra jamais dire qu'on a été concierge ou balayeur.

Ce qu'il en est, les guides le savent ou ceux qui vous ont connus, mais, s'il s'agit d'une personnalité marquante désincarnée, ils ne le disent généralement pas, car ce serait un mauvais service à rendre à l'incarné que de l'inciter à l'orgueil d'avoir été une valeur quelconque, et cela entraverait son progrès.

On fait croire à bien des gens qu'ils ont été Marie-Antoinette ou un grand homme!...

On se moque d'eux.

La vie de l'au-delà est le règne de la justice et de la charité—or, tous les êtres, sans exception, ayant eu, dans des incarnations plus ou moins reculées, des vies peu morales et peu édifiantes, ce serait monstrueux qu'il fût permis de connaître la punition des uns et des autres, leurs vies d'épreuves, leurs résolutions, etc., etc. Cela ressemblerait à une vaste confession générale, et les rendrait très malheureux.

Les vies de rachat doivent donc être ignorées. Si le souvenir a été enlevé à l'être humain, c'est autant pour la charité envers ses semblables que pour la tranquillité de sa propre conscience, car le souvenir persisterait aussi bien pour ceux qu'on a connus que pour soi-même.

Un Esprit peut-il lui-même nous dire ses réincarnations?

C. R. — Cela le regarde — c'est différent. Il peut, s'il le veut, mettre le monde incarné au courant de ses résolutions, mais les autres Esprits ne doivent pas le faire.

Songez donc que, s'il en était autrement, la terre serait un lieu de délices comparée à l'au-delà, car, sur terre, vous avez des portes pour vous enfermer, des pensées personnelles inviolables, des projets qui ne peuvent être jetés en pâture à vos ennemis, à vos détracteurs, à tous ceux, en un mot, qui seraient enclins à se jouer de votre malheur ou à se moquer de vous et à vous humilier — si vous admettez que, dans l'au-delà, la pensée est une chose ouverte à tous, que les actes, les résolutions, les projets, sont livrés à l'entendement public... c'est l'enfer que vous créez là !

Vous ne pouvez pas trouver naturel que tous les Esprits connaissent vos pensées les plus intimes, qu'ils soient au courant de tout ce qui vous concerne, dans le présent comme dans l'avenir, et qu'ils profitent de cette connaissance pour aller se communiquer sur terre aux groupes spirites où ils pourraient raconter tout ce qui vous regarde, amuser les gens mal intentionnés à vos dépens, et violer ainsi le secret de votre conscience !... Mais ce serait abominable !

Pourquoi les Esprits ne dévoilent-ils pas le vrai coupable dans cette affaire criminelle si mystérieuse ?

R. L. — Parce que les rapports entre les vivants et les morts n'ont pas été établis pour simplifier la vie des incarnés — pour permettre aux juges de se croiser les bras et aux médecins d'attendre la révélation qui leur fera guérir leurs malades, pour apporter aux savants les découvertes sans qu'ils les aient cherchées, et pour faire naître le progrès sans qu'il ait été sollicité.

Ce progrès serait, au contraire, une rétroaction, car il supprimerait l'étude, le travail, l'effort et le libre arbitre dont chacun doit user pendant la vie terrestre.

Ce n'est pas tout:

Ou une loi est générale ou elle n'existe pas. Pourquoi voudriez-vous que, seuls, ceux qui ont besoin des Esprits pour le bien et la justice soient éclairés? Etre médium n'appartient pas seulement aux humains évolués, et les indications que réclament les honnêtes gens pour faire le bien, seraient aussi facilement accordées aux criminels pour faire le mal.

La médiumnité ne devrait-elle pas devenir une faculté générale?

Non — et, même si elle était générale, les Esprits ne seraient pas davantage dans la possibilité d'éclairer ceux qui les interrogeraient.

Le nombre des médiums existants est déjà assez grand pour qu'on puisse bien se rendre compte qu'ils ne sont nullement exempts des chagrins, soucis, et tribulations qu'ils écarteraient de leur route si les avertissements d'en haut leur étaient fournis.

On a beau être très spirite, très dominé par l'idée de l'au-delà, si l'on est venu sur terre pour accomplir un effort, il faut bien en être capable, et ne pas revenir parmi nous sans avoir rempli son programme, et utilisé d'une manière profitable à l'âme son séjour ici-bas.

Les humains s'occuperont de nous lorsqu'ils seront parmi nous, mais s'ils négligeaient leurs devoirs terrestres, sociaux, familiaux, etc..., pour ne penser qu'à nous, ils seraient aussi coupables que les dévotes qui passent leur temps à l'église au lieu de raccommoder les vêtements de leurs enfants, de les surveiller, et d'être à leur foyer, pour y servir de compagne à l'homme qu'elles ont choisi ou pour y remplir les devoirs qui leur incombent.

EXTÉRIORISATION

(SOMMEIL, RÊVES, SOMNAMBULISME)

Le sommeil est-il un état médianimique?

C. R. — Oui, le sommeil paraît être une des conditions médianimiques et, par le fait, il entre pour beaucoup dans les phénomènes, puisque, dans bien des cas, il favorise les expériences de vue supra-terrestre.

Il y a trois sortes de sommeil: le sommeil naturel, souvent visité par des rêves qui véhiculent l'esprit vers des sphères cachées à la vue des terriens; le sommeil magnétique, provoqué par des influences d'êtres incarnés s'imposant à des médiums, et le sommeil somnambulique qui est dû à l'action magnétique des Esprits sur des médiums encore plus sensibles.

La différence entre celui qui dort d'un sommeil naturel et celui qui dort d'un sommeil magnétique est que le premier s'endort seul, tandis que le second est endormi par un magnétiseur ou par un Esprit.

Peut-on vraiment dire que « tandis que les organes de la vie de relation sont frappés d'une sorte de paralysie pendant la période de sommeil, ceux de la vie intérieure non seulement continuent d'agir, mais encore jouissent, en général, d'une plus grande énergie que dans l'état de veille, et que c'est ainsi que, par exemple, toutes les fractures, luxations, etc... se guérissent plus vite sous l'influence du sommeil »?

R. L. — C'est exact, et c'est aussi pourquoi les malades vont mieux le matin que le soir, pourvu qu'ils aient dormi. Pendant ce temps, le périsprit, plus dégagé, travaille à la régénération du corps physique dont toutes les fonctions sont endormies, ce qui diminue beaucoup l'action mauvaise.

Un corps malade a de mauvaises fonctions, et plus il fonctionne, plus il produit le malaise — il est donc naturel que, s'il est diminué par le sommeil, sa production anéantie puisse être compensée par l'œuvre périspritale.

Comment se fait-il alors qu'on meure plus le matin que le soir?

Si le malade est au bout de sa vie, il meurt le matin parce que, pendant le sommeil, le périsprit a accompli sa dernière œuvre bienfaisante en délivrant l'âme, et en profitant de l'absence des forces physiques pour empêcher le corps de retenir, dans son enveloppe usée et malsaine, une âme dont il est indigne.

EXTÉRIORISATION 139

Il est donc vrai que le sommeil est un état essentiellement actif?

Oui, très vrai.

———

Est-ce dans l'état de rêve que vous nous emmenez, puisque vous dites que, la nuit, nous allons dans vos sphères?

C. R. — Oui.

Mais, dans le cas de rêves absurdes, on n'est sûrement pas près de vous?

Au contraire — c'est précisément parce qu'on est auprès de nous que les rêves sont absurdes.

Comment peut-on rêver tout en n'étant pas là?

C'est le cerveau qui continue à travailler sous la seule impulsion des nerfs et sans direction intelligente. De même, un véhicule lancé à toute vapeur subit l'impulsion qui lui a été donnée, même quand le mécanicien est rejeté hors de sa machine; mais, alors, cette impulsion n'est qu'une vigueur sans discernement.

Votre âme s'en va, mais elle reste attachée à votre corps, sans quoi votre vie serait coupée.

De sorte qu'on est là et pas là?

L'âme est vers nous, mais elle conserve un fil

conducteur qui la relie au cerveau, et cette communication lui permet de faire jouer le cerveau qui, alors, distille, sous cette impulsion, les souvenirs, les préoccupations de la journée. Il agit ainsi sans suite d'idées, puisque son moteur est loin, mais il agit quand même en produisant les images qu'il a emmagasinées pendant le jour. Seulement, ces images, qui ne sont pas classées puisque la direction manque, sortent de là pêle-mêle et incohérentes.

Quelquefois, dans les rêves significatifs — par faveur — l'âme rapporte au périsprit (mémoire) les souvenirs.

Arrive-t-il que, dans un bon sommeil, on ne rêve pas parce que l'âme est tout à fait partie, et que le cerveau n'enregistre rien?

Oui.

Alors, rêver indique un mauvais sommeil et est, en somme, une mauvaise chose?

Oui, sauf les cas de faveur.

R. M. — Voici une petite théorie des différents rêves:

Certains rêves ne sont dus qu'à des circonstances purement physiques — digestion ou position défavorable causant un trouble nerveux et, par conséquent, cérébral.

Vient ensuite le rêve incompréhensible auquel l'inconscient participe largement. Il est fait de bribes restées dans le cerveau et qui, n'étant plus dirigées et groupées par l'âme absente, ne forment plus que des images incohérentes puisées dans les préoccupations latentes, dans les choses perçues consciemment ou inconsciemment et surgissent sous des formes diverses, souvent motivées par telle ou telle sensation du corps matériel.

Le rêve médianimique est celui qui emporte l'âme assez haut pour lui permettre de converser avec les Esprits — car, dans le cas précédent, l'âme, quoiqu'absente du corps, n'est cependant pas chez nous, mais se repose dans une zone inconsciente qui sert de frontière entre votre monde et le nôtre, et c'est pourquoi elle n'est pas assez haut pour converser avec nous, bien qu'elle ne puisse rien diriger de ce qui se passe dans le domaine du rêve actuel.

Quant au rêve somnambulique, à proprement parler, ce n'est qu'une variante du rêve médianimique puisque l'âme peut, dans les deux cas, s'éloigner assez du corps matériel pour supprimer toute production cérébrale, et centraliser ses forces soit pour un voyage dans l'au-delà, soit pour franchir de grandes distances terrestres.

C'est ainsi que naissent les rêves prémonitoires qui vont puiser dans l'au-delà des informations sur un avenir qui y est inscrit, et qu'ont lieu également les rêves vrais somnambuliques par lesquels l'âme se transporte au loin pour voir ce qui se passe en d'autres points du globe.

C. R. — Les rêves prémonitoires sont quelquefois symboliques. Si l'on désire s'instruire par eux, il faut les noter avec soin, chercher le côté symbolique, puis faire très attention aux événements de sa propre vie. Au bout de quelques mois on aura déjà un certain nombre de points de repère et on saura que tel rêve signifie telle chose, ce qui permettra d'interpréter le rêve sûrement la première fois que les mêmes images entreront de nouveau dans le rêve de la nuit.

Pourquoi dites-vous les rêves vrais somnambuliques?

Parce qu'un rêve somnambulique peut s'égarer en route, suivre une piste, puis s'en trouver détourné par une influence étrangère ou une fantaisie de l'âme vagabonde, et, finalement, cette âme peut rapporter des renseignements erronés, parce qu'il y aura eu une confusion entre plusieurs choses qu'elle aura remarquées pendant son absence.

C'est ce qui fait que toutes les somnambules ne donnent pas des informations vraies et qu'elles sont irrégulières dans la justesse de leurs visions.

Comment définissez-vous le somnambulisme?

Le somnambulisme est une désincarnation momentanée et partielle, mais aidée souvent du plus au moins.

En général, lorsqu'un somnambule est endormi et que son périsprit est parti, un désincarné prend la place restée libre et parle, si on lui adresse des questions.

EXTÉRIORISATION

Pourquoi les somnambules peuvent-ils mieux dire ce que le consultant sait que ce qu'il ne sait pas?

Parce qu'ils peuvent lire dans la pensée du consultant. Le somnambule peut se transporter à distance — pour lui il n'y a pas de murs — mais il lui est encore plus aisé de lire dans la pensée d'une personne présente que dans celle d'une absente.

L'âme du somnambule est elle-même comme un Esprit dégagé?

Oui, c'est cela.
Un somnambule parle par son Esprit-guide ou par sa propre âme extériorisée par le somnambulisme et qui se trouve libre d'aller voir et de répondre. Ce n'est pas un inconscient stupide — c'est une âme dégagée et plus intelligente que l'âme enchaînée par l'état normal terrestre.

Elle peut parler elle-même?

Oui — elle voit et n'a pas toujours besoin d'une incarnation d'Esprit. Elle reste en partie dans le corps par le périsprit qui, lui, demeure ainsi en relation avec les deux: l'âme et le corps.

Quelquefois les somnambules sont des sensitives qui ressentent les fluides et en déduisent le caractère — d'autres fois, elles sont aidées par un Esprit.

D'où vient que les somnambules sont plus adroits, par exemple quand ils se promènent sur le rebord d'un toit, que les hommes éveillés?

R. L. — Le somnambule agit avec sa nature extra-terrestre, et ce qui donne des frayeurs ou des vertiges à l'état de veille, c'est le système nerveux et le cerveau — or, lorsque ce dernier est endormi, le somnambule ne reçoit plus les émotions ni les peurs, et il se conduit simplement avec sa raison et sa science extra-terrestre, débarrassées des entraves de la chair.

Et pourquoi les somnambules qui quittent leur lit vont-ils toujours dans des endroits élevés?

C. R. — Cela s'explique par les fluides attractifs, le somnambule éprouvant, dans ses accès, le désir de fuir la matière et de retourner à l'au-delà en s'éloignant de la terre le plus possible.

Cette terre est si peu votre amie que, dès que le rêve ou tout autre phénomène libérant partiellement votre âme, arrive à se produire, vous cherchez à la quitter.

Ceci vous explique pourquoi il vaut mieux ne pas se souvenir de l'au-delà pendant la vie, car vous venez sur terre pour accomplir une tâche, pour vous intéresser à ce monde, et il ne faut pas que le désir trop vif de partir vous fasse négliger ce devoir.

Mais vous pouvez embellir votre existence par l'espoir de retrouver toutes les joies que vous avez quittées pour un temps, et c'est la seule consolation qui puisse vous être offerte.

Ne regardez donc pas cette nuit qui environne tous les êtres souffrant de leur exil. Regardez plus haut et plus loin — l'horizon vous semblera éclairé d'une lueur d'espoir et de bonheur, puisque vous regarderez vers nous (1).

---

(1). (Nous rappelons que toutes les questions ont été spontanées — dictées presque toujours par la réponse précédente — et faites par une personne autre que le médium lequel écrivait très rapidement et souvent en parlant d'autre chose.)

EXTÉRIORISATION

(PSYCHOMÉTRIE)

C. R. — L'essence intime de l'homme peut entrer en rapport avec l'essence intime des choses et des autres hommes — c'est ce qui explique la psychométrie.

La psychométrie est la vision sans les yeux de chair transmise au cerveau par les sens périspritaux. Il y a une sorte de bilocation dans les enquêtes des psychomètres — c'est comme une extériorisation partielle qui se transporte.

Le psychomètre ressent les fluides de la personne à qui appartient l'objet examiné, et ces fluides lui servent de fil conducteur pour reconstituer la vie du possesseur de l'objet.

Il est donc vrai que « les faits passés laissent une image ou une empreinte quelconque et quelque part, sur la planète ou dans l'éther, et que les sens extériorisés du sujet savent retrouver et déchiffrer cette image »?

Oui — toute pensée quelconque opère sur l'objet qui la suggère une empreinte matérielle et visible pour certains sujets.

E. M. — Il y a plusieurs manières d'être psychomètre: on peut ressentir ou voir. En général, on commence par ressentir avant de voir, et c'est le prologue de la faculté accomplie.

On se rend compte qu'on est apte à la psychométrie lorsque, sans entraînement préalable, on a la sensation de sympathie ou d'antipathie pour un être ou un objet. Peu à peu, si on cherche à développer cette faculté, elle s'accentue.

La manière de procéder est celle-ci:

Il faut, à la sensation éprouvée, répondre par un: « Pourquoi? » et chercher, dans les nouvelles sensations, la solution de ce pourquoi. Puis, ensuite, on cherche à s'éclairer par la vision, en plaçant l'objet qu'on veut pénétrer sur son front, en fermant les yeux et en attendant que les images se présentent.

Souvent les images sont symboliques, mais souvent aussi elles sont précises.

Lorsqu'elles sont symboliques, cela indique que le fait de s'être concentré a produit une légère extériorisation mettant le psychomètre en relation avec un plan spirituel où on lui explique, par des visions symboliques, les choses ou les faits ayant trait à l'objet en question.

Si, au contraire, il y a netteté de la vision sans qu'elle réclame une explication cherchée, c'est que le psychomètre n'a atteint, dans son extériorisation, que le plan astral des objets, qui réside en eux-mêmes, ou plutôt autour d'eux, comme une aura invisible. Dans ce cas, ce sont bien les couches superposées que le psychomètre voit, et il peut expliquer ces images d'une manière absolument nette et précise.

Je crois qu'en ce moment on ergote encore beaucoup sur la psychométrie, et qu'on cherche des adaptations erronées, mais la vérité est uniquement dans ce que je viens de dire.

La psychométrie existe donc parfaitement?

Oui, la psychométrie existe. — Il est impossible que la vie fluidique des choses, celle de tous les règnes de la nature, soit séparée de la vie fluidique des êtres.

Tout ce qui vit à la surface de la terre est baigné dans le rayonnement terrestre, dans le monde vibratoire immense, et est, par conséquent, atteint par ses vibrations, tout comme les objets placés dans une chambre sont exposés à l'étincelle électrique qui jaillit d'un accumulateur placé dans cette chambre, tout comme ces mêmes objets reçoivent la couche d'humidité provoquée par un jet de vapeur, ou la poussière émanant d'un nuage poudreux soulevé par le vent.

Rien n'échappe à la vie terrestre lorsqu'on fait partie de la planète, et, si vous ne pouvez constater certaines couches invisibles enveloppant les objets familiers comme vous constatez la couche d'humidité ou de poussière, ces couches n'en sont pas moins adhérentes à ces objets, et la sensibilité du psychomètre habitué à se mouvoir dans le monde invisible des sensations occultes, les perçoit distinctement, surtout s'il a un peu exercé sa faculté.

Comment une photographie peut-elle servir aux psychomètres alors même qu'elle n'a pas été en contact avec la personne photographiée?

C. R. — C'est par un mélange de psychométrie et de double-vue.

Lorsque la personne a posé, son image a impressionné la plaque photographique, et cette plaque a reçu son fluide en grande quantité, surtout si la personne qui posait a été assez extériorisée pour en projeter une forte provision. Dès lors, le papier reprendra ces parcelles fluidiques et la photographie sera le fil conducteur du psychomètre qui, par la double-vue, pourra compléter le renseignement.

L'efficacité des talismans ne réside-t-elle vraiment que dans la confiance qu'on met en eux?

R. L. — Absolument, à moins qu'il ne s'agisse d'objets qui aient été influencés magnétiquement ou spirituellement par un guide pouvant donner des forces physiques ou morales.

Dans ces cas-là, si les talismans ne peuvent, bien entendu, pas changer la destinée dans ses grandes lignes, ils peuvent aider les Esprits à communiquer avec vous, et à agir d'une manière utile pour votre bien.

EXTÉRIORISATION

(CLAIRVOYANCE, PHOTOGRAPHIE DE LA PENSÉE, HALLUCINATIONS)

Qu'est-ce que la clairvoyance?

C. R. — C'est une sorte de seconde intelligence qui frappe le cerveau et a différentes causes.

Les clairvoyants sont mis dans l'état de clairvoyance soit par leur propre extériorisation qui les amène sur le plan où résident les images, soit par un Esprit, soit encore par un magnétiseur qui leur fait pénétrer le plan astral.

Comment les Esprits opèrent-ils?

Tout simplement par leur suggestion sur un incarné, médium auditif ou médium intuitif, l'intuition n'étant produite que par deux choses: soit la parole d'un Esprit frappant le cerveau et y imprimant sa pensée, soit le souvenir d'une autre incarnation, ou des projets formés dans l'espace avant la réincarnation.

Souvent on dit de quelqu'un qu'il a la double-vue ou clairvoyance quand il prédit un événement le concernant — or, c'est souvent un souvenir qui se réveille, souvenir d'une résolution prise avant de se réincarner, et qui vous rappelle que telle chose, ayant été acceptée par vous, va vous arriver parce que l'époque fixée est atteinte.

Y a-t-il beaucoup de l'influence de la personne qui interroge dans les expériences des somnambules, tireuses de cartes et autres?

R. L. — Naturellement, mais il y a aussi, de la part de la cartomancienne, beaucoup de médiumnité.

Quels Esprits viennent?

Souvent, c'est un Esprit protecteur.

Comment le consultant peut-il avoir de l'influence dans une séance de cartomancie?

Par le choix des cartes.

Un médium vaut mieux, à cause du contact fluidique qui se fait plus facilement.

C. R. — Les cartes, et tout cela, ce sont des genres de médiumnité et des signes de convention grâce auxquels on communique avec nous.

R. L. — Si on lit dans les lignes de la main, il n'y a aucun intermédiaire puisque ceci est une science — chacun peut voir dans ces lignes.

La vie de l'homme est vraiment écrite dans sa main?

Oui.

Alors, que devient le libre arbitre?

L'avenir est écrit en ce sens que les lignes indiquent vos penchants et les choses auxquelles il faut faire attention, mais, si votre raison se fortifie, vous pouvez atténuer les effets de vos tendances.

Comment se fait-il qu'une chiromancienne puisse parler d'une personne en voyant seulement les lignes de la main de quelqu'un qui tient de près à cette personne?

C'est qu'elle voit des lignes correspondantes à celles d'un être qui est forcément dans la pensée du consultant, et que ces lignes, ainsi que la main qu'elle touche, sont empreintes du fluide de l'absent, et lui servent comme d'un véhicule pour aller trouver cet absent et voir. Cela remplace l'objet que les somnambules réclament pour voir celui auquel il appartient.

Y a-t-il vraiment un rapport entre l'écriture et le caractère?

C. R. — Oui. En général le caractère se reflète dans l'écriture, et c'est d'après les observations qu'on a faites qu'on a établi la graphologie. Seulement, dans certains cas, on se trompe à cause des écritures réapprises et réformées.

La graphologie n'est pas absolue, loin de là. Elle l'est en général, c'est-à-dire chez les gens qui se laissent complètement aller à leurs penchants, mais dès qu'il y a une instruction spéciale, dès qu'une personne s'est donné la peine d'acquérir ce qui existe en ce moment, c'est-à-dire une écriture admise, à la mode, il n'y a plus à chercher d'analyse graphologique.

Pouvez-vous m'expliquer comment le caractère influe sur l'écriture?

Oui, très bien.

Le caractère se traduit par une série d'actes et de mouvements — une personne colère a des mouvements brusques, une nerveuse des mouvements saccadés, une personne prodigue a le geste large — l'avare, au contraire, agit par petits mouvements pleins de réticences!...

Tous ces mouvements se retrouvent dans l'écriture: le colère fera des traits lancés par la brusquerie de ses gestes, le nerveux des lettres inégales, tronquées; le prodigue, qui n'économise pas le papier, allongera ses finales par de longs traits, tandis que l'avare tassera ses lettres les unes sur les autres — je pourrais ainsi vous citer chacun des caractères de l'écriture avec son application.

La graphologie est-elle plus sûre que la chiromancie?

Ce n'est pas tout à fait la même chose, mais cela a beaucoup d'analogie — les deux sont exactes quant au caractère.

La chiromancie est aussi une science, mais elle n'est pas, comme la graphologie, une manifestation de l'âme par une série de mouvements. C'est l'âme qui a façonné le corps selon son degré d'évolution, et de manière à pouvoir se manifester sans anomalie — je veux dire sans avoir un corps en désharmonie avec l'âme qui l'anime.

Pour les lignes de la main cela n'a pas beaucoup d'importance!

Chère amie, les lignes ne sont que les détails de la main, les ramilles des rameaux dont le bras est la branche — c'est la forme de la main, ses doigts, sa souplesse ou sa dureté qui sont la base de la chiromancie — les lignes viennent après, et sont ce qu'elles sont en raison de la forme osseuse qui sert de charpente, et en raison de la musculature plus ou moins accentuée, laquelle ne donnera pas de pli à un endroit alors qu'elle en produira à d'autres.

Les deux sciences sont donc aussi sûres l'une que l'autre?

Oui — l'une et l'autre sont aussi certaines pour ce qui est du caractère.

Quant à ce qui regarde l'avenir, c'est un peu moins précis, parce que la déduction veut que certaines lignes existantes en provoquent d'autres, et c'est ce qui établit l'avenir.

———

Par qui sont données les prémonitions d'un ordre insignifiant ou banal qui ne peuvent se rapporter à des visions dans l'aura de celui qui extériorise cette aura?

Les personnalités de qui proviennent ces prémonitions-là sont de deux natures: pour les médiums, ce sont les Esprits — pour d'autres, c'est l'extériorisation des sens astraux et de la personnalité même de celui qui a la prémonition.

Toutes ces images que les voyants ou les extériorisés voient dans l'astral sont le produit des projets d'avant la réincarnation et du schéma des existences, ainsi que des pensées et désirs des incarnés?

Oui.

Dans les images projetées par des probabilités, tel acte engendre tel autre — un événement, avant de se produire, germe et est visible pour les personnalités extériorisées.

Les images de l'astral sont plus ou moins condensées et visibles pour les clairvoyants?

Plus les choses appartiennent au passé ou au présent, plus les images sont condensées puisqu'elles sont renforcées par le fait de leur réalisation sur le plan physique.

Quant aux images de l'avenir, les grandes lignes, les lignes fatales, sont très nettement marquées parce qu'elles ont un point d'appui sur l'équilibre général, mais, de ces lignes immuables partent une quantité de probabilités plus ou moins sérieuses. Ceci est moins marqué parce que ce ne sont que les germes dont je vous ai souvent parlé. Vous savez qu'en ce qui concerne les germes, les uns font tort aux autres, car tous ne se développent pas également — deux germes voisins sont appelés à une sélection en faveur de celui qui sera le plus fort et accaparera la sève entièrement.

Ceci, c'est ce que j'appellerai la voie du libre-arbitre, et c'est ce qui change une fatalité imbécile en un avenir dont les incarnés peuvent utiliser les chances suivant leurs capacités, leur intelligence ou leur volonté.

Donc, ces germes astraux sont peu apparents, et ils ne deviennent plus visibles qu'à mesure de la sélection qui amoindrit les uns pour renforcer ceux qui doivent, selon toute probabilité, subsister.

Pourquoi certains voyants voient-ils mieux avec les yeux ouverts et d'autres avec les yeux fermés?

Il y a deux genres de vision.

Les uns voient de manière à ne pas savoir si

c'est oui ou non une vision, d'autres ont une vue intérieure. Pour ceux-ci, la vision s'exerce seulement sur l'organe périsprital.

Dans le premier cas, le périsprit transmet à l'œil sa vision. Dans l'autre cas, le périsprit se passe de l'œil matériel et transmet sa vision au cerveau — c'est une action qui s'exerce derrière une porte fermée.

Dans le second cas, la vision est moins nette?

Elle n'est pas moins nette, mais le médium se rend compte parfaitement que ce qu'il perçoit est une vision, puisque cette vision ne se transmet pas à l'œil matériel, et qu'elle passe du périsprit au cerveau qui l'enregistre pour s'en souvenir.

Le second cas peut se présenter les yeux fermés ou les yeux ouverts, mais, si les yeux sont ouverts, ils ne voient rien et sont généralement baissés et dans le vague.

Dans le premier cas, on a toujours les yeux ouverts, puisque l'œil périsprital transmet sa vision à l'œil matériel.

Ceux qui voient les yeux ouverts sont ceux pour qui la matière s'efface devant la substance fluidique astrale — l'image vient à eux, fait le vide, couvre les murs d'une couche fluidique, comme s'il y avait là un écran pour reproduire les images.

Au contraire, ceux qui voient les yeux fermés font un peu de chemin vers l'au-delà, et leurs visions leur apparaissent sans qu'on ait besoin de masquer la matière, puisqu'ils se transportent sur un plan où la matière n'existe pas.

La théorie émise par M. de Tromelin au sujet des sourciers ou baguettisants est-elle vraie?

« *Le baguettisant influence, polarise, biolise la baguette qu'il tient entre ses mains, par suite de l'influence du champ psychique du sourcier sur sa baguette.*

« *Or cette baguette est elle-même influencée par le champ qui émane et rayonne d'un cours d'eau ou d'un gisement de minerai.*

« *Il en résulte un certain état d'équilibre entre toutes les actions des champs s'influençant réciproquement, et, du moment que le corps du sourcier recèle des forces capables de faire mouvoir sa baguette (force biolique), on conçoit que, quand l'uniformité ou l'homogénéité du terrain vient à changer, l'équilibre de la baguette tenue par le sourcier puisse être rompu. De là ses mouvements divers.*

« *Mais j'ajoute encore: pour que ces actions très faibles puissent réagir sur le sourcier et sa baguette, il faut que le sourcier soit un sensitif, ou qu'il possède ce genre de médiumnité sans lequel rien ne se produirait.*

« *La réussite de ces phénomènes est donc, avant tout, limitée aux facultés spéciales physiques et psychiques du sourcier.* »

Oui c'est cela — c'est très bien.

EXTÉRIORISATION

Comment se produit la photographie de la pensée?

R. L. — Le médium extériorise une image qui, grâce à ses fluides, prend assez de consistance pour être photographiée.

On dit que, si un cerveau est capable d'influencer une plaque sensible, à plus forte raison peut-il influencer un autre cerveau?...

Non. Il est plus facile à une image de la pensée de se photographier sur une plaque qu'à un cerveau d'être influencé d'une manière précise.
C'est bien compréhensible:
Qu'y a-t-il de plus passif qu'une matière comme une plaque? Trouvez-vous la même placidité dans le cerveau? Non, n'est-ce pas?
Pour que le cerveau vibre à l'unisson, il faut qu'il soit passif et reçoive la pensée qu'on lui envoie, très nettement — or, un cerveau qui pense est une sorte de miroir sur lequel viennent se refléter des images diverses!... Il est naturel que les images projetées par l'âme sur le cerveau qui lui est donné pour se manifester, soient reçues en premier lieu, et, si elles sont assez fortes pour absorber les vibrations cérébrales, aucune autre pensée transmise ne pourra s'y greffer.

Une hallucination peut-elle être vraiment réelle — ces deux mots: « Hallucination véridique » ne jurent-ils pas ensemble?

On ne sait pas au juste ce que c'est que l'hallucination — rien ne prouve que ce ne soit pas une vision très réelle.

Ce mot a pris racine à une époque où, le spiritisme n'étant pas à l'ordre du jour, on traduisait vision par hallucination, et on rejetait ce phénomène dans le domaine de la fièvre ou de la folie.

Certes, je crois que la fièvre peut engendrer des visions fausses, mais elle peut produire aussi une extériorisation partielle qui, sans porter l'âme assez haut pour qu'elle pénètre dans le domaine de l'au-delà, peut la faire parvenir à la sphère inconsciente, où une quantité d'images flottent et passent devant le cerveau du malade.

Dans un autre ordre d'idées, je crois que, très souvent, on dit hallucination parce qu'on ne peut s'expliquer la vision réelle.

EXTÉRIORISATION

(DOUBLES PERSONNALITÉS, INCONSCIENT, SUBCONSCIENT, ETC...)

R. M. — Si quelques individus semblent avoir une double personnalité, ce n'est que le résultat de leurs avatars, c'est-à-dire de leurs existences antérieures.

On s'imagine qu'on est double parce qu'on croit reconnaître plusieurs personnalités en soi — c'est tout simplement ce qui reste dans le périsprit des vies antérieures.

Le Docteur Geley résume-t-il bien la question de la subconscience en disant:
« *Il est donc essentiel de bien examiner la dis-*
« *tinction entre subconscience inférieure, produit*
« *de l'automatisme des centres nerveux (ou in-*

« *conscient) et subconscience supérieure, indé-*
« *pendante du fonctionnement organique* »?

Oui.

Pourquoi dites-vous laconiquement « oui »?

Je trouve que c'est parfait — c'est pourquoi je n'ajoute rien.

Vous me verrez toujours un peu laconique dans ces questions de subconscience inférieure ou supérieure. Je comprends très bien que les chercheurs aient besoin de cataloguer pour se faire une idée de ce qui se passe dans l'être incarné, mais, à nous, ces choses apparaissent si simples que nous n'éprouvons pas le besoin d'ajouter un mot à ces petites explications.

En somme, c'est le périsprit qui est tout?

R. L. — Oui. Le périsprit est tout parce qu'il détient tous les souvenirs, et que ces souvenirs sont du domaine de l'inconscient, du subconscient, du supraliminal, etc...

Il est tout cela, soit qu'il fasse connaître les décisions de l'âme, soit qu'il les garde pour lui, soit que ses manifestations passent par le cerveau pour être enregistrées dans le souvenir incarné, soit qu'elles soient le produit d'un souvenir extraterrestre ou d'une existence antérieure, soit, enfin qu'elles soient le résultat de ce qu'il apprend et connaît par sa vie particulière et durant ses périodes d'extériorisation.

Cette conclusion est si simple que nous sommes toujours agacés quand nous voyons des chercheurs faire tant de parts de ce périsprit et le sectionner tant, alors qu'il est unique et que ses manifestations seules sont multiples.

C. R. — L'âme est la partie dirigeante qui peut envoyer en exploration extérieure les sous-agents qu'elle possède.

Ces sous-agents, vous en constatez la présence dans ce qu'on a appelé inconscient ou subconscient.

Souvent, vous avez pu observer ce fait qu'en travaillant, votre esprit, votre pensée, votre moi, est ailleurs — qui donc alors surveille ce travail que vous accomplissez si ce n'est un des agents de l'âme, pas assez intelligent pour concevoir, mais assez pour surveiller le corps, et lui faire accomplir les ordres que l'âme a donnés, en les faisant transmettre par le cerveau?

Le périsprit peut aussi agir dans l'incarnation en se servant des tendances restées comme acquises à l'âme, pour effectuer un progrès dans l'existence présente. Ces tendances font alors partie d'un inconscient façonné avec les choses apprises dans les vies antérieures, car il y a deux inconscients: celui qui voit sans s'en apercevoir et celui qui se souvient sans s'en apercevoir. Ce dernier, c'est l'inconscient provenant d'une existence antérieure, ou subconscient.

Approuvez-vous ceci: « Ce que nous voyons ou retenons des existences passées n'est pas inscrit dans le cerveau — c'est le périsprit qui est im-

pressionné et sur lequel s'impriment nos souvenirs.....»?

Oui. Les souvenirs d'une existence s'emportent dans l'au-delà grâce au périsprit, et ils restent en lui sans se renfermer dans le nouveau cerveau matériel, et c'est pourquoi, seuls, les puissants médiums — c'est-à-dire ceux qui peuvent vivre beaucoup sous leur influence périspritale — se souviennent vaguement des existences passées et de l'au-delà, tandis que ceux qui ne reçoivent pas ces avertissements médianimiques n'ont aucun souvenir.

Autrement dit, les images de la vie présente et les souvenirs sont recueillis par le cerveau et, à la mort, le périsprit, étroitement lié à ce cerveau, les emporte; mais, comme c'est le périsprit qui domine la matière, il peut prendre au cerveau ce que celui-ci enregistre matériellement pendant la vie, tandis que le cerveau d'un nouvel incarné ne peut prendre au périsprit ce que celui-ci garde mystérieusement en lui, c'est-à-dire les souvenirs d'une existence qui n'a rien à faire avec la présente et à laquelle le cerveau actuel n'a pas participé.

Les ergoteurs prétendent que ce subconscient que vous dites être formé des souvenirs des vies antérieures est plus grand que le conscient, et que c'est une personnalité de l'être qui n'a rien à faire avec l'astral?

R. L. — Cette conclusion ne tient pas debout.

Du moment où le subconscient est un facteur de cette importance, et plus important que la partie dirigeante de l'être, c'est qu'il a une base plus solide, c'est que sa force et son intelligence se sont façonnées au cours des siècles.

Il est tout à fait stupide de croire que le point essentiel d'un incarné, que sa plus brillante faculté ne sera jamais connue de lui, et ne peut s'exercer que sur un plan où il ne peut pas la contrôler.

Mais, si cette faculté ne peut s'exercer que sur le plan astral c'est donc que ce plan est le véritable, le seul qui puisse compter, et que l'incarnation, l'union avec la matière, n'est qu'un incident, au cours duquel notre personnalité est prisonnière ou infirme, et se contente des miettes de son intelligence pour subsister.

EXTÉRIORISATION

(SUGGESTION MENTALE, TÉLÉPATHIE)

Ne sait-on vraiment pas ce que c'est que la suggestion mentale?

R. L. — Si, on le sait.

La suggestion mentale est produite par la rencontre de la production fluidique du suggestionneur avec celle du sujet, et sa mise en communication avec elle.

C'est si simple, au contraire.

Quelle différence y a-t-il entre la suggestion mentale et la transmission mentale?

C. R. — La suggestion s'exerce par la volonté de celui qui suggère, et la transmission s'exerce sans cette volonté.

La transmission mentale est celle qui s'effectue inconsciemment entre deux âmes habituées à penser de même et à suivre le même cours d'idées —

entre deux époux, entre deux frères, entre mère et fille — parce qu'ayant reçu la même éducation, ou l'ayant modifiée par le mariage en l'orientant de même, parce que les intérêts étant les mêmes, les aspirations ayant un même but, les deux pensées suivent forcément la même direction et, arrivées à un point culminant, se rencontrent.

C'est ainsi que deux êtres de cette nature ouvriront simultanément la bouche pour dire la même chose.

En somme, cela ne peut pas s'appeler transmission mentale, car ce sont deux pensées qui s'écoulent comme deux vagues suivent le même courant, mais ceux qui nient l'union idéale des âmes, puisque l'âme est pour eux une abstraction, arrangent les choses selon leurs croyances et préfèrent décider que c'est la pensée de A... qui a influencé celle de B.....

Une sensation non perçue par le sujet peut-elle causer néanmoins une suggestion?

Chez les hystériques seulement, par leur extériorisation.

L'hystérie est une perturbation nerveuse de tout l'organisme, qui permet de recevoir des impressions anormales pour un être bien portant et qui deviennent normales du moment qu'elles s'adressent à un être anormal.

Et quelle différence y a-t-il entre la suggestion mentale et la télépathie?

R. L. — La suggestion mentale s'exerce d'une volonté forte à une volonté moins forte, par la pression morale, tandis que la télépathie est une rencontre de deux volontés.

Mais cela me paraît se ressembler beaucoup?

Ce n'est pas tout à fait la même chose.
Dans la télépathie, le visiteur, entrancé, se rend près du visité et choisit l'instant propice pour se faire entendre — il guette, pour ainsi dire, le moment où l'état du visité lui permettra de ressentir ou d'entendre — tandis que, dans la suggestion, il faut un magnétiseur et un sujet.

Cette définition de M. Gaillard est-elle bonne: « La télépathie est la projection à distance de la pensée ou de l'image du manifestant »?

C. R. — Oui, parfaite.

Mais comment se produit la télépathie?

La télépathie se produit par les ondes émanant du périsprit, et c'est pourquoi ce phénomène est rare, car il faut une grande puissance périspritale.

Est-il vrai que, dans la télépathie, la volonté n'a qu'un rôle secondaire?

Oui. Le périsprit peut agir par lui-même sans la participation du cerveau, et, par conséquent,

EXTÉRIORISATION

de la volonté — d'autant plus que le corps est souvent en état de sommeil pendant que se produit la télépathie.

Que se passe-t-il alors?

C'est l'âme qui s'en va sans prévenir le cerveau.

Dans le cas de télépathie, l'action de l'agent produit-elle sur le percipient un état particulier qui le rend capable de percevoir ce qui se passe au loin?

Oui, mais, dans la télépathie, il y a presque toujours le concours d'un Esprit.

Je croyais qu'on pouvait dire: « toujours »?

Non, parce que, chez quelques individus, l'extériorisation est assez facile et assez complète pour leur permettre de quitter leur corps matériel et de se transporter à de grandes distances, mais ces cas étant très rares, c'est ce qui me fait dire qu'il y a presque toujours l'intervention d'un Esprit.

Peut-on recevoir une action télépathique sans être médium?

On est toujours médium au moment où on la reçoit, mais on n'a pas besoin d'être véritablement médium, et, la preuve, c'est que certaines personnes n'ont eu qu'un seul fait de ce genre dans leur vie — si elles avaient été de réels médiums, possédant la faculté constante, elles n'auraient pas eu que ce seul phénomène.

Les preuves de la télépathie se réduisent-elles à ceci: « L'expérience nous montre que les idées activement présentes dans un esprit peuvent être transmises à un autre esprit »?

C. R. — Oui, et de plusieurs manières. On peut entendre, sentir, voir, et chacun interprète la télépathie selon le phénomène obtenu. Aussi ne doit-on pas l'expliquer en général par une phrase consacrée.

La télépathie inconsciente peut-elle exister?

Elle peut exister à condition qu'un des sujets (le percipient) soit dans un état mixte ou un état de sommeil.

Peut-on être agent télépathique sans être médium?

Non.

Que répondre à ceux qui objecteront la télépathie inconsciente?

Leur dire que, pour produire une télépathie inconsciente il faudrait tout autre chose.

Supposez, par exemple, que le médium A ait tout à coup un accident, une grosse émotion, une souffrance ou une joie intense — le médium B pourrait le sentir, parce que la force même du sentiment éprouvé aurait créé l'image que B aurait vue.

La force du sentiment crée une image, et la preuve en est dans la psychométrie — aussi bien que le médium capable de ressentir, par télépathie, l'événement arrivé, les objets entourant le sujet reçoivent l'impression. Donc, il y a projection d'une image, donc il peut y avoir télépathie inconsciente si le percipient est assez sensible pour recevoir le message inconscient.

Mais, si le cerveau fabricant d'images n'a pas reçu un choc, il ne projettera rien du tout à moins de le vouloir. Il ne peut y avoir télépathie inconsciente que lorsque l'événement a fortement impressionné celui qu'il concernait.

La télesthésie est une télépathie qui se produit par les sensations et non par la vue.

Je trouve ces noms nouveaux d'une subtilité bien troublante pour ceux qui cherchent à s'instruire et souhaiteraient un peu plus de clarté, car télépathie n'existe pas sans télesthésie et vice versa — sentir de loin ou voir de loin sont bien la même chose, puisque ces sensations sont toutes deux intérieures.

EXTÉRIORISATION

(MAGNÉTISME, HYPNOTISME, DÉDOUBLEMENT)

Quelle est votre définition du magnétisme?

C. R. — Le magnétisme est une émanation fluidique projetée par le magnétiseur sur un sujet, c'est-à-dire sur un être assez sensible pour absorber ce fluide et subir son influence.

Dès lors, le magnétiseur peut employer son fluide, soit comme force dynamique récupératrice, soit comme agent guérisseur, soit comme moteur cérébral destiné à influencer le cerveau du sujet, à lui communiquer ainsi des sensations fictives, des suggestions de toutes sortes, ou, encore, à produire chez lui une extériorisation capable de séparer suffisamment l'esprit du corps physique pour rendre ce dernier insensible à la souffrance.

Est-il vrai que la force magnétique humaine n'a pas été prouvée?

EXTÉRIORISATION

Si — elle a été prouvée par toutes les expériences d'extériorisation auxquelles on se livre depuis tant d'années: extériorisation de la sensibilité, de la motricité, etc.

Quelle différence y a-t-il entre un être magnétisé et un être en trance?

Etre en trance, c'est être possédé ou être fluidifié par un Esprit, mis en état de nonchalance, mais non extériorisé par des pratiques magnétiques.

Le médium entrancé pénètre chez nous, peut nous voir, nous entendre, nous recevoir pendant les incarnations, nous assimiler à lui dans l'écriture — mais il ne se met en rapport avec rien de ce qui est terrestre, ni avec les êtres incarnés.

Le sujet magnétisé, lui, ne pénètre pas chez nous, ne nous voit pas, ou, s'il voit, ce sera, par ordre du magnétiseur, et il verra en hallucination ce que le magnétiseur lui ordonnera de voir — il n'aura pas de révélations de l'au-delà, il n'écrira pas médianimiquement, il ne sera capable d'aucun fait réellement spirite — il pourra aller voir à distance, retrouver un objet perdu, etc..., mais il ne verra pas un Esprit, et ne recevra pas de communications.

R. L. — Résumons donc, et séparons bien ces deux états très différents.

Etat de trance — la communication avec les Esprits.

Etat magnétique — la communication avec les vivants et le magnétiseur, et, aussi, état provoquant la caricature du spiritisme — l'imitation des faits spirites par la suggestion et l'hallucination.

Les ergoteurs croient que l'état de trance et le magnétisme sont la même chose et que l'état de trance est un état magnétique d'auto-suggestion — vous comprenez qu'il est inutile de lutter avec ces gens-là : ils n'y connaissent rien et confondent tout.

Chacun peut-il être magnétiseur ou magnétisé ?

Chacun a du fluide, mais encore faut-il que ce fluide soit assez condensé pour affecter un sujet — s'il s'évapore en fumée, il ne magnétisera jamais personne.

Pour ceux qui, bien que magnétiseurs peuvent être magnétisés il s'agit de trouver plus fort que soi, c'est-à-dire que ceux qui peuvent magnétiser, s'ils peuvent aussi être magnétisés, ont besoin, pour cela, de trouver plus puissants magnétiseurs qu'ils ne le sont eux-mêmes.

Un être humain peut-il être à la fois magnétiseur et médium ?

C. R. — Les magnétiseurs sont rarement médiums. Ils apportent, dans les séances, un contingent de fluides pouvant être absorbés par le médium pour réparer ses pertes, et ces fluides seront transformés dans le médium comme dans un alambic, et resservis après sous forme de fluide médianimique, mais, par son seul fluide non transformé, le magnétiseur ne pourrait obtenir aucun phénomène.

Un médium guérisseur n'est pas un magnétiseur?

Non — c'est un médium.
Un magnétiseur n'est pas un médium, parce qu'il n'est pas pénétrable.

Est-il bien vrai que la force magnétique soit le meilleur agent curateur de la maladie, qui est un déséquilibre des forces?

Oui, c'est vrai.
Le magnétisme est une force saine ajoutée à la force perturbée — il est, en somme, la vague qui fait monter la marée, la poussée généreuse qui, en s'imposant, chasse les impuretés du sang ou les microbes de l'organisme vers une sorte de voirie que sont les éliminations de toute nature.
Lorsque la force vitale est altérée ou amoindrie, le courant devient insuffisant, et les scories, les microbes de l'organisme, non délogés, s'installent et forment un foyer d'infection. Il suffit, à ce moment-là, d'avoir recours à une généreuse poussée pour anéantir ces foyers, et, en les désagrégeant, jeter au dehors ces scories, tout comme la poussée d'eau mise en œuvre pour l'assainissement du ruisseau a bientôt fait d'en rétablir la propreté.

Lombroso a-t-il raison de soutenir que les différentes maladies devraient être réduites à une seule, et qu'avec le magnétisme on pourrait les guérir toutes?

C'est exagéré. On devrait dire ceci :

On guérit soixante pour cent des maladies nerveuses par le magnétisme chez des individus de n'importe quel ordre, et quatre-vingts pour cent des maladies quelconques sur les nerveux et les sujets. Quant aux gens non sujets, il est impossible de guérir la plupart des maladies non nerveuses chez eux.

La suggestion à l'état de veille est-elle vraiment possible?

R. L. — Oui, parfaitement. Seulement, il faut que cela se fasse sur des sujets préparés.

Sur des hystériques?

Oui.

Cela se fait surtout en médecine, parce que, en mettant la main sur la tête du sujet ou en lui tenant les mains, vous vous mettez en communication directe avec lui, et, comme c'est un malade, son système nerveux sera plus faible que celui du magnétiseur qui, alors, sans l'endormir, pourra lui parler à haute voix et lui faire oublier son mal ou lui ordonner de ne plus l'avoir.

Approuvez-vous, en dehors des cas médicaux, les merveilles de suggestion que font les magnétiseurs?

C. R. — Non. Je n'approuve pas du tout la suggestion parce que, par là, on détruit la charpente du libre-arbitre — on ploie la volonté du sujet à sa direction, à son commandement — on se l'approprie, et, par conséquent, on en vole au sujet la véritable propriété.

Le sujet ainsi entraîné à vouloir mécaniquement ce que voudra son magnétiseur, finira par perdre toute initiative, par ne plus pouvoir prendre une décision saine, et, non seulement il aura besoin du commandement obligatoire, mais encore, par une certaine force impulsive, il sera entraîné à subir tous les commandements d'autrui, recherchant d'instinct l'appoint de volonté qui lui manque, et le puisant dans tout être normal qui saura lui parler avec autorité et persuasion.

Je n'admets la suggestion que dans le cas de maladie mentale où, précisément, le sujet a perdu sa faculté de vouloir et de se gouverner, mais, dans ce cas, le magnétiseur devra lui suggérer de prendre de l'énergie, et, ensuite, le laisser agir par cette énergie suggérée. De cette façon, peu à peu, il reprendra l'habitude d'exercer sa faculté active de volonté, et cette faculté, étant exercée, reprendra toute sa vitalité.

Si l'on soignait psychiquement les fous, si les soins étaient donnés par des médecins spirites, on trouverait souvent le moyen de les guérir en les débarrassant d'une obsession, ou en appelant sur eux une intervention extra-terrestre.

Les ergoteurs demandent comment, avec nos

théories, nous expliquons qu'un homme possédant un esprit sain puisse perdre la raison par suite d'une émotion violente ou d'un choc sur le crâne?

R. L. — Qu'y a-t-il d'étonnant à cela?

Le cerveau, c'est l'instrument dont vous vous servez pour donner libre cours aux pensées de l'âme — si cet instrument est abîmé, impossible de s'en servir.

Si votre piano est désaccordé, pourrez-vous encore jouer dessus des choses harmonieuses? Vous n'aurez pas perdu vos facultés, mais l'instrument n'obéira plus.

Pour prendre un exemple plus prosaïque, croyez-vous que l'ébéniste qui a cassé plusieurs dents de sa scie, fera une entaille bien nette et bien tranchée? Non, n'est-ce pas? Pourquoi donc exigez-vous que l'âme incarnée, qui ne peut se manifester que par le corps physique qui lui est dévolu, obtienne les mêmes résultats si ce corps est détraqué?

Pourrait-on vraiment faire commettre un crime par suggestion hypnotique?

C. R. — Si le sujet est un être honnête, moral et bon, il est impossible de lui faire commettre un crime, mais il faut avouer que beaucoup d'êtres réputés honorables ne le sont que par l'éducation, la déduction, ou la crainte.

Or, je crois que si ces derniers se trouvent posséder des facultés de sujet, il est très facile, en prenant un peu sur leur volonté et sur les convictions résultant de l'éducation, de les faire retourner à l'état impulsif qui n'a été réformé que par cette même éducation, et, dans ce cas, ils peuvent devenir criminels.

On ne pourrait pas, en général, faire commettre un crime à quelqu'un qui serait incapable d'avoir une semblable idée à l'état de veille — cependant, il y a quelques exceptions parmi les sujets extra-sensibles: ceux-là sont la chose de leur magnétiseur et obéissent.

Que répondre aux ergoteurs quand ils parlent du cas bien connu dans lequel « un médium sujet à qui, pendant son sommeil, on fait croire qu'un de ses parents est mort, se met, aussitôt réveillé, à écrire une prétendue communication de ce décédé vivant »?

On peut répondre que le grand tort de tous ces chercheurs est la tendance à la fabrication — ce sont ni plus ni moins que des faux-monnayeurs.

Au lieu de chercher le médium bien personnel, natif, n'ayant aucun entraînement magnétique dans son passé, et d'assister, en spectateurs et contrôleurs, à ce qui va arriver, en acceptant les phénomènes tels qu'ils peuvent se produire, ils ne songent qu'à une chose: prouver que leur volonté est seule en jeu, et que le médium est un outil dans leurs mains.

Pour obtenir cela, ils sont forcés de rechercher, non pas le médium qui pourrait leur donner d'excellents phénomènes, mais un sujet dont l'extériorisation s'opère sous l'influence magnétique au lieu d'être produite par les Esprits. Il n'est pas étonnant qu'après avoir été suggestionné, le sujet obéisse à la suggestion.

C'est une expérience fréquemment réussie que celle qui consiste à dire à un sujet endormi : « Vous êtes telle ou telle personne et vous vous en souviendrez au réveil. » En effet, en se réveillant, le sujet prend l'attitude de la personne suggérée, ses paroles, et se croit passé dans un autre corps.

L'expérience dont il est question ne diffère presque pas de celle que je viens de citer : on dit à un sujet que telle personne est mourante ou morte, puis on l'éveille après avoir bien établi la suggestion --- on a donc créé en son inconscient toute une histoire de mort qui est prête à se traduire par l'expérience qu'on réclamera du sujet.

La somnambule, en effet, une fois réveillée, est priée de prendre le crayon pour obtenir une communication. Pour cela, elle va se recueillir, se mettre dans l'état mixte réclamé, et cet état ne sera autre que celui qu'elle vient de quitter, avec cette différence que, la première fois, elle y aura été placée par le magnétiseur et que, la seconde fois, c'est par auto-suggestion qu'elle y revient. Il n'est donc pas étonnant qu'elle y rencontre une image astrale qui va fournir la communication.

Inutile de lui demander autre chose --- elle ne pourrait la donner. Son extériorisation a suivi le même chemin et s'est arrêtée au même point où on l'a fixée dans l'expérience magnétique. Ce sont bien, en effet, les visions de l'inconscient qui ont parlé, et il n'y a là aucun phénomène spirite.

Mais il n'en est pas de même quand il s'agit des médiums, et, ceux-ci, moins on les magnétise, moins on risque de peupler leur inconscient de fantômes et d'idées qui peuvent, un jour ou l'autre, réapparaître sous forme de communications, et être tout à fait erronés.

Que faut-il penser de l'envoûtement et comment cela se produit-il?

Par le magnétisme. Les envoûteurs n'étaient autres que des magnétiseurs, et le magnétisme est vieux comme le monde.

Il était très connu des anciens, qui le cultivaient et s'en servaient comme d'une force naturelle faisant partie intégrale de l'être humain. C'est par déduction qu'ils avaient trouvé l'envoûtement. Puis, dans la suite, on a interdit les pratiques de magie, on a considéré les magnétiseurs comme des sorciers et on les a brûlés tant qu'on a pu, sans se douter qu'on n'en détruirait pas la race, puisqu'il s'agit d'une faculté que tout le monde possède à un degré plus ou moins grand.

Plus tard, on a oublié ce sens mystérieux, et, lorsque les nouveaux essais magnétiques ont été faits, on l'a nié, comme il arrive toujours lorsqu'on se trouve en présence d'une découverte qui paraît nouvelle.

Enfin, la science s'en est occupée, a cherché, et, maintenant, le magnétisme est devenu scientifique et l'envoûtement a reparu aussi — mais beaucoup de gens le considèrent comme une nouveauté ou comme n'existant pas, alors que c'est une des formes du magnétisme.

Cette force me paraît être une arme terrible entre les mains de celui qui la possède?

Ceci est très exagéré. D'abord, on ne peut envoûter les gens que quand on les a soumis à son magnétisme et quand on possède des cheveux à eux ou quelqu'autre partie de leur sensibilité, et, ensuite, il faut avoir affaire à des sujets. Il faut les avoir magnétisés d'abord avec leur volonté, c'est-à-dire eux le sachant et le voulant.

Si l'on veut faire du mal et que cela ne réussisse pas, l'effet produit est celui d'une balle qui ricoche, et le mal revient sur l'envoûteur. Celui-ci a projeté une force mauvaise avec violence, et, si cette force manque son but, il faut qu'elle revienne d'où elle est partie.

Si l'être envoûté est protégé par des forces bienfaisantes, ces forces font l'effet d'un corps dur sur lequel rebondit le projectile pour se rejeter sur l'envoyeur.

Si c'est pour le bien que le magnétiseur agit, les fluides arrivent à destination?

Oui — ou, si cela n'arrive pas — cela ne blesse pas.

Que se passe-t-il quand un magnétiseur fait des expériences de désagrégation et fait sortir le corps astral du corps matériel du sujet?

R. L. — Le phénomène se produit de plusieurs façons: Il y a les faits d'animisme où le corps astral sort tout seul du corps matériel, avec la seule impulsion donnée par la volonté du médium — ceci, c'est le cas le plus rare. Ensuite vient le cas où le médium s'extériorise sous l'action magnétique du magnétiseur seul. Puis, enfin, le cas du magnétiseur ne pouvant agir seul et étant obligé d'accepter notre aide.

Ceci vous donne la progression des états: 1°, Le sujet pouvant s'extérioriser seul; 2°, le sujet ne pouvant s'extérioriser que sous l'action magnétique d'un incarné, et 3°, le sujet étant obligé d'avoir recours à deux forces: une qui le fait sortir de chez lui, et une autre qui vient lui faire faire la moitié du chemin.

Mais, telles qu'elles sont faites, ces expériences d'extériorisation ne prouvent que l'existence d'une personnalité autre que la chair. — Il faudrait que ceux qui les font cherchent où cela peut aboutir et quelle en est la cause.

Est-ce que ce qui est vrai du magnétisme l'est aussi de l'hypnotisme?

Oui — c'est une façon différente de procéder pour arriver au même résultat: le sommeil.

C. R. — Mais on peut dire que l'hypnotisme est une contrefaçon du magnétisme.

Dans le magnétisme, on ouvre la porte — dans l'hypnotisme on l'enfonce.

Que faut-il dire à ceux qui nient le fluide et attribuent tout à la suggestion?

Sans fluide, il n'y aurait même pas de suggestion, car il faut un agent conducteur pour porter au cerveau les ordres, et, cet agent, c'est toujours le fluide.

Est-il vrai que les progrès merveilleux de l'hypnotisme sont, si on y songe bien, de nature à combattre le spiritisme?

R. L. — A cela je ne puis répondre que par ces mots: Tout peut s'imiter par le magnétisme puisque l'agent, c'est le magnétiseur — seulement, si ce dernier manque, il faudra bien conclure que le moteur est ailleurs.

Est-il possible que les expériences de M. de Rochas aient convaincu des matérialistes?

C. R. — Oui, car elles sont la preuve d'une force en dehors des sens matériels, et amènent vers le dédoublement, d'abord, et, de là, vers la possibilité d'un concours extra-terrestre. Pour beaucoup de gens, cela a une grande valeur, car, en démontrant la dualité de l'être humain, on oriente tout doucement la croyance vers un corps fluidique qui subsiste par delà la tombe.

Ces expériences ne prouvent rien quant aux

vies successives, mais elles prouvent le corps fluidique, son action complètement indépendante de celle du corps matériel, et, enfin, la possibilité d'une semblable intervention émanant du corps fluidique d'un Esprit.

Un magnétiseur peut-il vraiment faire revivre à un sujet ses vies antérieures par le magnétisme?

Non — c'est de la suggestion magnétique et pas autre chose, car, d'après la logique de ce que je vous ai souvent dit, plus un sujet est travaillé par son magnétiseur, moins il est accessible aux Esprits.

Si un sujet est absorbé par les fluides du magnétiseur, s'il obéit à sa suggestion, il est arraché à l'ambiance spirituelle, car, cette ambiance spirituelle, le magnétiseur anti-spirite se refuse à y croire, et il ne pourrait logiquement reporter son sujet dans un au-delà problématique pour lui. Reporter une personne à ses existences antérieures, c'est la replonger dans le monde des Esprits: c'est bien du spiritisme, car, sans Esprits, point de vies antérieures, point d'au-delà, rien que la terre et les humains.

Si quelques magnétiseurs réussissent cette expérience, vous pouvez en conclure deux choses: d'abord, que le sujet est également médium, et, ensuite, que les magnétiseurs sont spirites sans le vouloir et sans le savoir, puisque le fait de renvoyer un sujet à ses existences passées prouve qu'on croit à la réincarnation, et, par conséquent, au spiritisme.

Le magnétiseur anti-spirite s'imagine régner en maître, écartant toute influence extra-terrestre, et se plaît à croire à son unique puissance, alors qu'il est si peu de chose comparativement à ce que nous sommes pour les incarnés.

Quelle différence y a-t-il entre l'extériorisation et le dédoublement?

L'un est une des formes de l'autre — ce sont deux choses différentes parfois, et, quelquefois, l'une dérive de l'autre.

L'extériorisation est la sortie des forces fluidiques, mais pas jusqu'à la période de dédoublement.

Toutes les fois que vous obtenez un phénomène de médiumnité à effets physiques, il y a extériorisation, et, si le phénomène peut se produire sans contact, à des distances variées plus ou moins considérables, il y a dédoublement, à moins qu'il n'y ait le concours d'un Esprit.

En somme, on extériorise son fluide, on le prête aux entités de l'espace pour produire les phénomènes de médiumnité — on se dédouble pour agir par la sortie du périsprit, dont l'action se produit sous la direction de la volonté soit d'un magnétiseur, soit d'un Esprit, soit du sujet lui-même.

L'extériorisation donne les phénomènes spirites quand il y a là un Esprit, et les phénomènes de force psychique avec contact quand il n'y en a pas — le dédoublement se passe d'Esprit.

C'est donc plutôt le dédoublement qui est de l'animisme?

C'est le dédoublement, mais, dans l'extériorisation, il y a parfois de l'animisme — par exemple si vous avez des balancements de table qui ne donnent rien d'intelligent ou qui reflètent exactement la pensée des opérateurs.

Qu'est-ce positivement que le double?

Le double est l'enveloppe du périsprit, et les deux sont inséparables pendant la vie, puisqu'il n'y a pas de manifestation du double sans périsprit.
Il faut appliquer le nom de doubles aux vivants et celui de fantômes aux désincarnés, car c'est le seul moyen d'éviter la confusion.

Les rayons N, dont bien des savants mettent l'existence en doute, sont-ils dûs à la surface brillante de notre double?

Oui. C'est pourquoi ils ne sont pas perceptibles pour tout le monde. Il faut être médium pour les voir. La vue médianimique est très subtile et pénètre ce qui est invisible pour la majorité.
Ces rayons seront réétudiés de nouveau et on

finira par les rendre plus généralement visibles—cela se rattache à de nouvelles découvertes sur la lumière.

Chacun émet de ces rayons, plus ou moins brillants selon l'avancement.

EXTÉRIORISATION

(MOMIFICATION)

Comment se produit la momification?

C. R. — C'est la vitalité du fluide magnétique qui, en arrêtant la putréfaction, s'implante dans les germes de vie physique pour en extraire tout mouvement.

Voulez-vous me définir l'importance des momifications?

Je pense que cette découverte est une lumière présentée à l'horizon scientifique du magnétisme, et, par conséquent, du spiritisme.

La momification établit nettement l'existence, la présence d'un fluide qui agit en dehors du corps physique, et elle est, par conséquent, un puissant acheminement vers le spiritisme, qui n'attend que plusieurs démonstrations de ce genre pour s'affirmer.

C'est la preuve la plus matérielle qui puisse exister: l'objet est là — il ne se dissout pas et on ne peut objecter qu'il s'agit d'une hallucination collective.

Il n'y a aucune raison pour qu'une chair entre en décomposition. Si cela arrive, c'est parce que la force vitale disparue avec la vie ne peut pas préserver le corps des vers ou microbes. Donc, le fluide vital en préservant, conserve à la chair ses propriétés saines.

Peu à peu, la vie étant absente, les cellules ne se reforment pas, et l'évaporation qui se produit sur tout le corps mort ou vivant, en amène la dessication.

R. M. — Il faut tâcher de répandre ces expériences et d'obtenir que d'autres magnétiseurs que celui de Bordeaux, essaient aussi d'avoir les mêmes phénomènes.

On me dit que les momifications sont du magnétisme, et les guérisons, obtenues aussi par ce même magnétiseur, du médiumnisme?

C'est une subtilité. Le magnétisme est une force qui émane du corps astral et à laquelle se mêlent les fluides physiques de l'être matériel — donc, tout est bien à la fois magnétisme ou médiumnité, comme on voudra l'appeler. Moi, je l'appelle magnétisme, afin de ne pas embrouiller les choses et de réserver le mot médiumnité pour les vrais phénomènes qui touchent à l'au-delà.

Beaucoup de magnétiseurs pourraient-ils avoir des momifications?

Non, pas beaucoup.

Est-il vrai que chacun a en soi quelque chose d'un magnétiseur?

Non. Evidemment, le fluide est à tout le monde — tout le monde l'a en soi, mais tout le monde ne peut pas, à volonté, le répandre, l'extérioriser, si vous préférez — c'est une grosse erreur de croire que tout le monde peut être magnétiseur.

Pour les momifications, en outre, il n'y a pas que la question du fluide extériorisé — il y a aussi la qualité de ce fluide. Le fluide momificateur est une émanation ignée, et tout le monde ne la possède pas.

Vous avez tort de penser que cette question si intéressante puisse s'évaporer pour faire place à l'oubli. Ne craignez pas ce malheur — il est impossible que ces expériences disparaissent de l'intérêt général. Elles sont seulement, pour l'instant, arrêtées, mais on les reprendra.

Il faudrait, pour cela, avoir sous la main un médium patient, complaisant, intelligent — quelqu'un, en outre, qui se laisse un peu diriger par des gens plus instruits.

Par des Esprits?

Non. S'il n'y a pas des gens très au courant des momifications, il y a cependant des magnétiseurs qui pourraient faire observer au médium une certaine méthode sans laquelle il est impossible d'arriver à aucun résultat. Il faudrait que ce médium fût simplement l'instrument complaisant grâce auquel on observe et on enregistre le résultat patient des expériences.

La momification, en somme, n'est pas différente, comme procédé, du magnétisme. Elle est simplement d'un degré différent et s'adresse aux cellules.

Il est vrai que, dans le magnétisme, nous avons également parfois affaire aux cellules. Supposez un malade atteint d'une maladie microbienne — ce ne seront pas les passes magnétiques fluidiques qui le guériront si ces passes ne s'adressent qu'à la force du sujet, réclamant de cette force qu'elle augmente de manière à se débarrasser sans autre moyen du microbe cause de la maladie.

L'action magnétique, pour être rapide, doit être différente, et j'ajouterai même que, dans les cas de guérisons rapides, elle est certainement différente.

En d'autres termes, une cure magnétique qui sera longtemps avant de donner la guérison est due uniquement à cet appel de forces agissant comme ferait une nature très saine qui se débarrasse d'elle-même des éléments nocifs de l'organisme. Ce moyen est lent parce que le microbe ne peut être réduit qu'à la longue. Entre chaque magnétisation, son énergie se reconstitue, et ce n'est qu'à force de passes répétées que, peu à peu, perdant de sa vigueur, il arrive à disparaître.

Pour une cure rapide, au contraire, le procédé n'est pas le même. Le magnétiseur qui guérit en quelques séances son malade, possède, à n'en pas douter, le pouvoir de la momification s'adressant aux cellules atteintes par le microbe. Il commence donc par anéantir, puis il reconstitue, et tout cela se fait très rapidement, grâce aux deux actions simultanées du fluide.

Le membre ainsi magnétisé ne subit pas la dessication, parce que le pouvoir momificateur ne s'adresse pas à *la vie*, mais s'adresse au parasitisme qui est d'une vie beaucoup moins intense puisqu'elle puise son principe dans la vie elle-même — le gui a moins de force que le chêne. Mais si, au contraire, la momification s'adresse à un corps privé de vie, il n'y a plus aucun élément vital pour lutter contre son action dessicatrice, et les ferments de pourriture sont anéantis.

Chère amie, je vous disais que, forcément, on reviendrait à la momification. C'est forcé, en effet, car il faudra bien qu'un jour ou l'autre on analyse le traitement magnétique et qu'on y croie en tant que magnétisme dépourvu de suggestion.

Pour cela, il suffirait de quelques maladies infectieuses traitées de cette manière. Comme on ne pourrait pas expliquer le procédé, on serait obligé de chercher dans l'action magnétique une suite d'expériences qui amèneraient fatalement à l'étude de la momification.

Je crois qu'on pourrait essayer cette méthode sur le cancer, et qu'elle donnerait de bons résultats.

Malheureusement, il y a très peu de magnétiseurs dont le fluide soit assez igné pour produire ces phénomènes — il faudrait donc tâcher d'en trouver avant tout.

Le magnétisme n'est encore qu'à son aurore, et on verra, dans la suite, des effets merveilleux produits par cet agent encore très mystérieux pour beaucoup.

———

(Nous rappelons que toutes les questions ont été spontanées, dictées presque toujours par la réponse précédente, et faites par une personne autre que le médium, lequel écrivait très rapidement, et souvent en parlant d'autre chose.)

———

EXPÉRIENCES

(GÉNÉRALITÉS)

Faut-il, dans les études du spiritisme, passer du simple au composé, ou commencer par les matérialisations qui résument tout, comme le conseille M. F.?

C. R. — Etudier l'ensemble, c'est bon quand on travaille déjà depuis longtemps, mais, pour ceux qui commencent, il faut procéder du simple au composé.

Ce qui est vrai, c'est qu'il faut produire les phénomènes très judicieusement selon la qualité des expérimentateurs — ne pas montrer de matérialisations à ceux qui n'ont jamais vu un phénomène physique, mais, à ceux qui ne croient qu'aux forces brutales de la matière, frapper un grand coup en leur montrant la vie qui peut être donnée à cette matière. Si, au contraire, on a affaire à ceux plus affinés, il vaut mieux dédaigner ces choses grossières et faire parler le côté intelligent du phénomène.

Alors, vous n'êtes pas de l'avis de ceux qui disent que « à moins d'être parfaitement sûr de l'acuité de son intelligence et de son jugement, il faut se défier de tout ce qui n'est pas phénomène physique »?

Non, car le danger est bien plus dans le phénomène physique qui attire des Esprits inférieurs, que dans toutes les expériences intelligentes.

Ne pensez-vous pas que, si les savants négligent les phénomènes intelligents, c'est qu'ils se rendent compte que ceux-ci leur donneraient, comme interprétation, plus de fil à retordre?

Oui, sûrement.

Ils savent bien que leur explication par le subconscient n'explique pas tout?

Oui, très bien.
Ils n'ont pas encore trouvé le moyen d'expliquer les phénomènes intelligents en se passant de l'hypothèse spirite.
Il faut remarquer que tous les expérimentateurs ont le même défaut: celui d'imposer un phénomène et des conditions spéciales, alors que nous, au contraire, qui sommes les promoteurs et qui, comme tels, pourrions mieux, semble-t-il, imposer et décider à l'avance, nous n'imposons et ne décidons rien, parce que nous savons que ce serait agir en aveugles.
Seulement, le jour où nous découvrons une har-

monie générale capable de donner une puissante concentration entre les fluides terrestres et les fluides astraux, entre les fluides des médiums entr'eux, équilibre astral, équilibre matériel — ce jour-là, nous produisons un beau phénomène, mais il nous est impossible de le produire n'importe quand et dans n'importe quelles conditions.

Tâcher de faire admettre celà aux chercheurs, c'est inutile — ils ne veulent rien entendre et veulent légiférer sur un plan qui leur est complètement étranger et dont toutes les lois chimiques, physiques et astrales leur sont inconnues.

Les magnétiseurs prétendent que les coups frappés, les déplacements d'objets, etc., sont dûs à la force du médium extériorisée?

Ils sont dûs à celà lorsque le sujet — car je ne l'appellerai pas un médium — est endormi magnétiquement et qu'on a pris soin de l'extérioriser.

En effet, son double peut aussi bien aller donner des coups dans une table que déplacer un objet — cela n'est qu'une question de condensation plus ou moins complète — mais, s'il s'agit d'un vrai médium qu'aucun magnétiseur n'aura amené à cet état, si ce médium est parfaitement éveillé, ce ne peut être son double : donc, c'est le fantôme d'un invisible.

Cette façon de tout rapporter au médium est la porte de sortie par où s'échappent tous ceux qui veulent bien admettre le magnétisme, mais se refusent à croire au spiritisme.

Les magnétiseurs ont une très grande tendance à ne s'intéresser qu'au magnétisme, et à considérer comme nuls les phénomènes spirites qui, cependant, les ont guidés dans leurs expériences, car ce qu'ils ont cherché à obtenir et ce qu'ils ont réussi, n'a jamais été que l'imitation des phénomènes naturels obtenus par des médiums.

Ils se sont substitués aux Esprits, mais ils ne les ont pas remplacés, et, lorsqu'un médium éveillé produit des coups ou des déplacements d'objets, il n'y a là que du bon spiritisme.

R. L. — Inutile de lire toutes ces élucubrations — c'est le verbiage que ces Messieurs font pour arriver à tourner autour du spiritisme en en écartant l'hypothèse. On conçoit d'ailleurs qu'il soit nécessaire d'écrire de nombreux articles pour arriver à expliquer les choses autrement, car c'est alors très difficile.

———

C. R. — Il n'y a qu'un moyen de réussir à se convaincre, c'est de former un groupe avec quelques amis: l'Esprit évoqué ne trouve réellement ses forces que dans son ambiance absolue, et c'est là seulement qu'il peut commencer des manifestations dont il n'a pas l'habitude.

Votre volonté suffit-elle vraiment pour donner des réponses dans une table?

EXPÉRIENCES

C'est notre volonté qui agit, évidemment, mais nous produisons une vibration sans laquelle il n'y aurait pas de coups perceptibles pour vous. Il faut que nous fassions une projection qui se réalise physiquement, et, pour cela, il n'y a qu'un système qui est celui des vibrations.

Il y a toujours une action matérielle dans tous les phénomènes.

On demande si vous entrez par les fentes des portes et fenêtres ne pouvant pas traverser les murs?

R. L. — Non — nous traversons la matière qui n'est rien pour nous.

Est-il vrai que vous ne pouvez pas passer à travers du verre?

C'est-à-dire que le verre, étant un isolateur, ne permet pas l'incorporation du fluide, tandis que le bois et le papier sont, au contraire, d'excellents récepteurs.

Pourquoi le bruit vous gêne-t-il?

C'est un empêchement à l'unification des fluides — cela déplace les courants.

C'est pourquoi, en général, on choisit le soir, quand tout se tait et n'est plus agité, pour toutes les expériences délicates — le bruit est un facteur nuisible.

Il en est de même des orages?

Oui, avec plus de magnétisme, alors — c'est-à-dire que les courants contrariés subissent chacun une direction électrique qui nous gêne beaucoup et dont rarement nous triomphons.

Quel mal fait la lumière?

La lumière atténue la force des fluides et en désagrège la condensation.

Home a-t-il raison de dire que les phénomènes peuvent se produire en lumière qui se produisent dans l'obscurité?

Je crois que, lorsque l'expérience est renouvelée patiemment et fréquemment, on peut arriver au résultat préconisé par Home, mais la patience n'est guère la vertu des incarnés, et il est bien certain que l'obscurité agit en aidant le phénomène.

Pourquoi?

C'est une loi trop complexe à expliquer.
Tout ce qui est d'une matérialisation, même seulement partielle, a besoin d'ombre. Il faut, à notre reproduction matérielle, un coin obscur pour se condenser. C'est pourquoi, longtemps encore, on hésitera à croire aux matérialisations d'Esprits, car il faut absolument se résoudre à la nécessité, et accepter les conditions sans lesquelles rien n'est possible dans cet ordre d'idées — on

ne fait pas de pain sans farine ni d'omelette sans œufs.

Est-il utile de faire une prière avant les séances?

C'est plus prudent, parce que cela attire les influences qu'on désire et qui sont bonnes, et cela facilite la protection des Esprits avancés. C'est utile surtout dans les groupes qui se renouvellent sans cesse ou qui sont nouveaux.

A-t-on raison de causer dans les groupes, ou devrait-on sans cesse penser à vous?

Il faut penser à nous d'une manière latente, et parler de façon à empêcher votre volonté et la force de votre désir de former un frein capable de détourner le phénomène, car il est aussi dangereux de trop désirer que de ne pas désirer du tout.

Nous préférons qu'on parle lorsqu'on est entre habitués d'un même groupe, mais lorsque ce sont des séances renouvelées sans cesse avec des éléments étrangers, il vaut mieux se taire, car si la parole des médiums est une émanation fluidique qui ne gêne pas le phénomène, la parole des assistants est une désagrégation fluidique, et ce qui fait qu'on ne réussit pas toujours quand il y a des étrangers, c'est qu'on commence à causer, à discuter, et, pendant ce temps-là, les médiums perdent leurs fluides inutilement.

Dans les séances où on fait chanter les assistants, c'est souvent pour que leur pensée, leur impatience, leur angoisse, ne gênent pas le médium, car, s'ils n'étaient pas occupés à chanter, tous ces sentiments arriveraient à l'état de fluides sur le médium et le paralyseraient, mais il vaudrait beaucoup mieux que tous les assistants fussent très bien disposés et se taisent.

Faut-il dégager après les séances de phénomènes physiques?

R. L. — Oui, et puis, surtout, il faut beaucoup de tranquillité, parce que les médiums, lorsqu'ils expérimentent, ont un dégagement fluidique très accentué, et ce fluide se volatilise un peu autour d'eux, de sorte que si, par trop d'allées et venues, on déplace l'air, on arrive à provoquer une fatigue chez les médiums, puisqu'on se meut au milieu de leurs fluides.

Autrement dit, on se meut dans quelque chose qui fait partie du médium?

Oui.

Pouvez-vous, dans ces séances-là, renvoyer les gêneurs?

Non — dans les phénomènes physiques, il y a toujours des intrus.

Il ne faut pas faire de longues séances les jours de la Toussaint et de la fête des Morts, parce qu'il y a beaucoup d'âmes qui sont dégagées dans ces deux jours et que nous sommes très occupés.

En général, il vaut mieux s'abstenir d'expériences les jours de fête — les cerveaux travaillent trop, les pensées idéalistes, soit dans un genre soit dans un autre, attirent trop de forces extra-terrestres, et on ne peut jamais répondre qu'un mélange ne se produira pas.

C'est parce que j'ai demandé cette preuve que nous avons été trompées hier?

Oui. Vous avez été angoissées toutes les deux — cela a serré les freins et il y a eu de suite des fautes, des tromperies. Si vous pouviez être indifférentes! Vous avez eu là une preuve du besoin qu'ont les médiums de passivité.

Lorsque le passage du fluide s'est resserré, un trompeur peut saisir cette occasion pour s'aiguiller sur un autre faisceau de fluides émanant du médium, et cela se produit avant que nous ayons pu couper complètement la communication et rétablir les choses.

Il faut arriver à demander des preuves sans excitation, et, si elles ratent, à n'en avoir aucun dépit. Alors elles seront beaucoup moins redoutables.

Le jour de cette tromperie, nous n'avions pas pensé à évoquer!...

C'est toujours un grand tort. Votre évocation est une force qui vient doubler la nôtre, en sorte qu'elle nous donne une plus grande résistance à opposer aux gêneurs.

Faut-il vraiment avoir une grande force à sa disposition pour pouvoir donner des noms et des dates?

Oui.

Pourquoi?

Parce que nous faisons une manipulation dans laquelle il entre assez de fluide pour que cela tienne un peu de la matérialisation — la combinaison se fait alors complètement en dehors du médium qui ne peut pas s'opposer à sa production.

Remarquez que, lorsque vous désirez une chose précise, vous mettez opposition involontaire par votre crainte d'influencer, et, alors, nous avons une peine énorme à écrire ce que vous demandez. Si, au contraire, nous avons assez de fluide extériorisé pour vous enlever le fil que je comparerai à l'amarre d'un ballon captif, nous agissons plus librement.

Quand le médium cherche à ne penser à rien pour isoler sa personnalité, l'effort qu'il fait en sens contraire fait frein.

Doit-on toujours demander des preuves d'identité en commençant une séance?

D'abord, ne demandez jamais de preuves au début — la force d'impulsion n'est pas suffisante.

On doit demander des preuves d'identité lorsqu'il s'agit d'Esprits inconnus ou de passage — en un mot d'Esprit nouveaux — mais, lorsqu'on est toujours en communication avec les mêmes amis, les premiers mots écrits sont, par le caractère qu'ils apportent, la meilleure preuve d'identité qu'on puisse réclamer.

Pour savoir à quel Esprit vous avez affaire, il faut lui adresser une question, et sa réponse vous guidera. Puis, pour les médiums, il y a une sensation de bien-être ou de malaise qui les avertit d'un fluide bon ou mauvais — enfin, les médiums voyants voient l'auréole et la couleur générale.

L'identité d'un Esprit n'est donc pas impossible à établir?

Difficile seulement, mais pas impossible.

Scientifiquement?

Oh, cela, beaucoup plus tard.

Comment Allan Kardec, cet homme éminemment sensé, a-t-il pu mettre toutes ces signatures de grands personnages dans le livre des Esprits?

C. R. — Cela, c'est une faute énorme qui l'a fait tourner en ridicule.

Comment les Esprits qui donnent de belles communications ne comprennent-ils pas le tort que nous font ces signatures d'êtres célèbres?

Il ne sont pas toujours responsables de ces signatures, car, la plupart du temps, le médium évoque consciemment ou inconsciemment un grand nom, et, si ce médium est un débutant, il accepte très bien la signature qui s'appose au bas d'une page.

D'autre part, la signature étant la chose la plus difficile à mettre, si le médium a en tête un nom déterminé, il arrive que le mélange se produit, et que c'est l'influence du médium qui s'impose.

Très souvent aussi, l'Esprit qui vient est d'une sphère où il est en communication avec l'Esprit appelé — ou bien encore, c'est un de ses disciples — et il se croit autorisé à signer pour lui, surtout s'il y est invité par le désir du médium.

Enfin, il faut bien dire aussi que, quelquefois, ces signatures sont authentiques, mais elles le sont beaucoup moins fréquemment que le contraire.

Est-il vrai que, dans les groupes, des Esprits peu sérieux peuvent lire dans la pensée des assistants et répondre à leur guise?

R. L. — Oui, quelquefois, à cause de ces chaînes magnétiques qui sont des armes à deux tranchants.

En faisant la chaîne, tous les médiums se mettent en communication les uns avec les autres, et, par conséquent, se trouvent mis en rapport avec la légion des Esprits amenés par chacun des assistants et qui leur font cortège, de gré ou de force. Alors, il devient facile à un Esprit de pénétrer dans le cerveau des médiums, à l'aide de ces fils conducteurs qui véhiculent les fluides.

Lorsqu'il n'y a pas de chaîne, chaque médium

se trouve environné de ses fluides et de ceux de ses Esprits familiers qui l'isolent des autres.

La chaîne est donc une mauvaise chose?

C'est mauvais dans les groupes qui se forment sans un grand soin de choix pour les médiums, mais, dans un groupe bien établi, cela est inoffensif. Seulement, c'est presque toujours une mauvaise chose, parce qu'on la fait généralement dans les groupes non éprouvés, pour vaincre la difficulté des premières séances.

Comme il est regrettable que les tricheries soient si fréquentes et découragent tant de gens!

Oui, mais il faut chercher les grains de vérité parmi le sable de la tricherie.

Et puis, il ne faut pas appeler tricherie ce qui est inconscient.

Enfin, on met souvent sur le compte de la tricherie les tromperies d'un Esprit dont la réponse ne vous a pas satisfait.

Lorsque nous sommes trompées, que se passe-t-il?

Quand vous demandez une preuve et qu'il s'agit d'un *nom*, par exemple, nous sommes obligés, comme je vous l'ai dit, de faire une sorte de travail de magnétisation sur les médiums, afin de paralyser, pour ainsi dire, leur cerveau de manière à ce qu'aucune pensée ne gêne, et, pendant que nous faisons ce travail, souvent un Esprit passe et prend notre place.

Il y a souvent aussi de la faute du médium qui, lorsqu'on demande une preuve, éprouve une certaine tension qui détruit la combinaison — il y a dématérialisation de la combinaison fluidique et, alors, une autre combinaison fluidique amenant un autre Esprit.

Vous seriez les plus privilégiées des médiums passés, présents et futurs si vous n'étiez jamais induites en erreur, et réfléchissez bien à une chose, c'est que: si ce n'était extrêmement difficile, même pour les plus fameux médiums, de ne pas être trompés, il y a longtemps que le spiritisme serait établi de telle façon que personne ne pourrait le nier.

Pourquoi en est-il ainsi?

Les temps ne sont, sans doute, pas encore venus.

Y a-t-il vraiment quelquefois des interventions d'Esprits d'un ordre inférieur à l'humanité?

Chaque fois qu'une manifestation est intelligente, elle ne peut appartenir qu'à un Esprit humain.

Quelquefois, des êtres inférieurs à l'humanité interviennent, mais, alors, le phénomène n'a aucun caractère intelligent — une table assemblera des lettres sans suite — mais, dès que cela forme un mot ou répète un battement demandé, c'est un phénomène intelligent.

———

Les Esprits sont-ils, eux aussi, un peu troublés par le fait de la communication?

C. R. — Pas toujours, mais quelquefois, et c'est ce qui fait que notre production n'est pas égale, et que certains Esprits qui ne subissent pas cet état vous renseignent admirablement, tandis que d'autres ne peuvent coordonner leur vue et leurs souvenirs avec leur réponse.

Pourquoi cela arrive-t-il aux uns et pas aux autres?

D'abord, ceux qui sont morts depuis longtemps et qui ne sont pas exercés à communiquer, ne sont plus faits aux fluides de la terre et ne savent plus s'en servir. C'est la terre et le fluide des médiums qui nous donnent cette perturbation — ceux qui ne l'ont jamais sont les non-sujets de nos sphères.

Est-il vraiment possible que vous subissiez notre influence?

Oui — c'est possible en ce sens que, si votre disposition d'esprit ne nous fait pas dire une chose qui n'est pas vraie, elle peut, par exemple, nous inciter, si vous êtes tristes, à parler plutôt de tristesses que de joies et à voir tout en plus sombre.

Nous pouvons donc influer sur votre moral?

Oui. C'est pourquoi on est quelquefois mal renseigné quand on demande des choses qui vous intéressent fortement, car, ou l'on désire ardemment une solution favorable, ou on redoute fort une autre hypothèse, et ce sentiment violent, beaucoup plus violent que vous ne le supposez vous-mêmes, trouble notre vue et notre jugement — aussi doit-on être plus certain d'une chose venue sans question, et il faudrait être toujours indifférent à ce qu'on demande.

Si l'on savait de combien de difficultés nous sommes entourés, on serait beaucoup moins exigeant, et on comprendrait que, souvent, des êtres chers semblent ne pas se communiquer parce qu'ils redoutent tellement cette confusion qui serait faite pour tromper leurs parents ou leurs amis, qu'ils n'osent affronter ce danger.

R. L. — Il est très difficile, surtout à un Esprit qui n'a pas l'habitude de communiquer, de dire une chose transcendante; on est tout à la pensée de se tenir en place, de diriger le crayon, et on n'est pas en libre possession de tous ses moyens.

Je vous assure qu'il faut se donner bien de la peine, et que ceux qui rapportent tous les phénomènes au magnétisme devraient savoir une chose: c'est qu'au contraire les conditions magnétiques nous empêchent souvent de nous manifester comme nous voudrions.

Est-ce vrai ce que vous dites quelquefois, que vous êtes épuisés?

C. R. — Oui, c'est très vrai. Nous épuisons la couche fluidique qui nous sert à communiquer avec vous.

Est-ce pénible pour vous?

Oui.

Est-ce une souffrance physique?

Oui — tant qu'on se retrempe aux fluides de la terre, on en éprouve les sensations.

Malgré la difficulté que vous éprouvez, n'est-il pas vrai que, « souvent, les incohérences, les absurdités, les contradictions qu'on constate dans les communications spirites, ne sont que la contribution inconsciente du médium »?

C'est vrai quand il ne s'agit pas de médiums — les vrais médiums n'ont pas à craindre cette collaboration.

Il y a souvent aussi des Esprits menteurs et farceurs — a-t-on exagéré la fréquence de leur participation?

Non.
Le danger, chez les Esprits farceurs, c'est qu'ils sont très originaux et distrayants — alors, on se met assez vite à leur niveau, on rit, on questionne

en plaisantant, et, en se mettant sur le même plan qu'eux, on leur donne une force très grande qui leur permet de devenir de véritables obsesseurs. Le danger n'existerait pas si on ne les recevait que pour les instruire, les sermonner, et tâcher d'aiguiller leur âme vers des désirs plus sérieux que celui de la plaisanterie et de la mystification. Mais ils amusent généralement par leur côté encore très humain, et on subit très facilement l'entraînement et le danger de se mêler à leurs conversations et d'y prendre de l'intérêt.

Quant aux Esprits souffrants ou méchants, pour les admettre, il ne faut pas être sensitif.

Est-il vrai que le nombre des Esprits qui s'occupent activement de provoquer des phénomènes soit restreint?

R. L. — Oui, c'est vrai.

Mais vous comprenez bien aussi que, si beaucoup d'entre nous sont heureux de revenir voir ceux qu'ils ont aimés, ceux qui ne doutent pas de leur présence et qui les accueillent en toute confiance, il en est un bien plus grand nombre qui n'ont nullement la vocation d'aller recevoir des sottises, d'être traités comme des pantins, et tout cela pour ne pas arriver du tout à convaincre ceux qui les demandent. Ils se disent que, forcément, ces gens arriveront à croire le jour où ils auront franchi le pas de la mort, et que cela suffit à leur mauvaise volonté.

On prétend réglementer les expériences et diriger le spiritisme — or, ceci est impossible, et il est ridicule de se baser sur cette difficulté pour nier. Cette difficulté existera toujours — on se trouvera toujours dans l'incertitude d'une séance probante ou nulle, le cas étant subordonné:

1° — A l'état physique et moral du médium.
2° — A la composition de l'assemblée.
3° — Enfin, à la possibilité ou à la volonté de venir de l'Esprit.

Celui-ci ne peut cependant pas avoir été débarrassé d'une vie dans laquelle il était soumis à toutes sortes d'obligations, pour entrer dans une période de désincarnation où il serait mille fois plus esclave — car, dans la vie terrestre, l'homme le plus occupé, le moins libre, a cependant des heures et des jours d'absolue indépendance, tandis que nous serions obligés, que cela nous plaise ou non, d'aller dans les groupes où, pour toute récompense de nos efforts, on rit de nous, on nous parle sans aucune politesse, ou, encore, on nie formellement notre intervention.

Je vous certifie, chère amie, que, bientôt, les phénomènes seront de plus en plus rares, parce que nous voyons une telle intention de nier, une mauvaise foi si évidente, que nous ne désirons pas du tout venir dans ces centres hostiles, et nous gardons nos forces pour récompenser nos amis, ceux qui nous aiment, nous acceptent, et croient en nous.

(*Je dis à Charles que, sûrement, cela l'ennuie de ne pas pouvoir, à moi qui n'y mets pas de mauvaise volonté et qui crois en eux, me donner les preuves que j'aime tant à recevoir?*)

C. R. — Cela me peine beaucoup.

Malheureusement, plus nous nous élevons et moins nous fournissons de preuves, parce que nos fluides deviennent tellement différents des fluides terrestres que nous ne nous en servons pas aisément, mais, comme compensation, nous vous donnons des communications plus élevées, parce que c'est notre âme affinée qui s'y révèle.

Les fluides élevés vous empêchent-ils de savoir les choses que je vous demande ou seulement de les dire?

Seulement de préciser, de donner un détail qui nous force à faire un travail fluidique chez le médium.

Jamais vous n'aurez de choses transcendantes le soir, quand vous êtes toutes deux épuisées de fluides. C'est très compréhensible:

Pour que l'Esprit puisse se montrer lui-même et être plein de son sujet, il faut que la production fluidique soit puissante, afin que le médium soit complètement en notre possession.

Si la production est moindre, nous ne trouvons le moyen de construire des phrases qu'en nous aidant de ce que nous puisons dans l'inconscient, en l'appropriant à ce que nous voulons dire, et nous avons tant de peine à obtenir le phénomène que la préoccupation empêche notre liberté d'esprit — nous sommes comme l'individu qui voudrait faire un travail délicat enserré dans des gants étroits.

Roudolphe vous a dit un jour combien il nous

était difficile de nous présenter nous-mêmes, après avoir traversé cette zône encombrée de fluides aussi prenants et envahissants que des fils de la Vierge — eh bien, je ne puis que louer sa comparaison, car il est, en effet, très difficile d'arriver jusqu'à vous avec nos idées et notre langage, sans avoir bifurqué en route, ou ramassé quelques fils perturbateurs.

Et c'est aussi de ce fait que nous réussissons mieux à nous faire comprendre avec un médium dont nous avons l'habitude qu'avec un autre, car, à force de faire route avec lui, nous tissons un courant fluidique beaucoup plus solide et capable de produire sur nous une attraction supérieure à celle des autres courants.

C'est encore pour cela que, lorsqu'on a appelé un Esprit et qu'on arrive à avoir une preuve, deux preuves, il faut être content, et, si la troisième rate, si, à ce moment, l'Esprit se trompe complètement, ne pas considérer cela comme la négation des preuves précédentes, parce que l'Esprit peut avoir réussi une fois, deux fois, et s'égarer à la troisième.

En somme, chère amie, lorsque nous vous disons que vous ne pouvez comprendre les difficultés qui appartiennent à un ordre de vie très différent du vôtre, nous avons raison, et, si nous n'entrons pas dans plus de détails, c'est que nous sentons combien nos explications sont encore imparfaites, parce que nous ne pouvons pas vous parler de choses inconnues de vous.

Cependant, avec le téléphone, vous pouvez vous

figurer un phénomène d'ordre approchant, puisque, quelquefois, quand vous parlez dans l'appareil, c'est une autre personne qui vous entend et non pas celle à laquelle vous vous adressez — notre atmosphère est encombrée de fils fluidiques tout comme le réseau téléphonique l'est de fils électriques, et nous avons beaucoup de peine à rester dans notre sillon sans prendre, à gauche et à droite, des forces aiguillées sur d'autres médiums et, par conséquent, des mots flottants dans l'espace.

Croyez bien qu'en cas d'erreur, nous sommes aussi désappointés que vous pouvez l'être vous-mêmes.

J'espère que cette explication vous donnera du courage, et vous engagera à mettre beaucoup de patience dans les demandes de preuves, ne vous rebutant pas et attendant que la perturbation ait cessé, et que celui qui parle ait repris le fil qui le conduit vers vous.

(*Je dis que ceux qui n'ergotent pas et dans l'esprit desquels la clarté se fait sans aucune peine, sont mûrs pour le spiritisme, et que leur temps est venu?*)

C'est l'exacte vérité.

Le spiritisme, n'est, malheureusement, pas encore une doctrine que l'on puisse prouver scientifiquement.

On y viendra, mais il faut, avant ce moment, d'autres découvertes.

Il me semble que tout cela presse un peu, étant donné les jolies choses qui se passent dans le monde, et qu'il serait grand temps que ces découvertes se fissent!

Moi, je trouve aussi que cela presse, chère amie, mais vous n'y pouvez rien, ni nous non plus, et, tant que les découvertes à venir — telles que celles de lumières inconnues appartenant à l'au-delà ou de corps chimiques appartenant également à l'au-delà — ne seront pas faites, on ne pourra pas espérer que les savants se rendent à l'évidence, puisque, pour eux, cette évidence n'existe pas.

Supposons les preuves les plus merveilleuses connues de vous, et voyons comment ils les qualifient :

Prédictions — Clairvoyance.
Coups frappés — Extériorisation de la motricité.
Ecriture directe Idem.
Déplacements d'objets Idem.
Ecriture — Automatisme.
Matérialisation — Extériorisation du médium.
Preuves intelligentes — Transmission de pensée.
Annonce d'un fait qui se produit à la minute précise, qui, par conséquent, est inconnu et sera vérifié — Télépathie.

Vous voyez bien qu'il n'y a pas un seul phénomène qu'ils ne prétendent expliquer autrement que par le spiritisme.

Et c'est pourquoi vous ne me voyez pas foudroyant en ce qui concerne D... — je sais que, quoi que nous fassions en ce moment, nous n'arriverons à aucune sanction scientifique.

Le spiritisme, de nos jours, doit être une œuvre purement philosophique, et s'adresser à la très grande quantité d'êtres qui, se sentant des facultés, sont tout disposés à croire, ou à ceux qui ont en eux la croyance à l'état latent, à l'état d'idéal conçu dans leurs pensées ordinaires, et se condensant dans la philosophie spirite dès qu'elle a été un tant soit peu démontrée par les faits.

Croyez-moi: il y a déjà beaucoup à faire avec ces derniers — il y a de quoi grouper une armée spirite très considérable.

Quant aux autres, à ceux qui ne pourront croire que quand ils reproduiront physiquement les phénomènes, et qui pénétreront par la science dans le domaine de l'au-delà, il faut avoir la patience d'attendre que les nouvelles découvertes leur en montrent la voie.

EXPÉRIENCES

(MÉDIUMS)

Est-il vrai que des phénomènes spirites puissent se produire sans médium?

R. L. — Non, jamais — sauf, pourtant, dans le cas de coups frappés, de suite après sa mort, par un désincarné encore tout imprégné de matière, et auquel n'importe quel fluide humain peut servir.

(*Coups frappés*) : — Nous et vous sans médium, c'est comme deux rives sans pont.

Dans les maisons hantées, il y a toujours un médium, mais ce médium a quelquefois un très grand rayonnement — le fluide peut donc venir de loin, et c'est pourquoi il semble que le phénomène a pu se produire sans médium.

Toutes les expériences sont dues à l'extériorisation plus ou moins complète du médium?

Oui. Nulle expérience ne peut être réussie sans

la sortie du fluide médianimique allant rejoindre les fluides de l'au-delà, et s'en servant comme point d'appui pour pénétrer le plan astral, et prendre contact avec le monde extérieur.

L'extériorisation se fait comme elle peut, mais il y a toujours extériorisation, parce que c'est par cette légère sortie que le corps psychique du médium entre en communication avec le nôtre.

C. R. — Il y a, chez quelques médiums, toutes sortes de médiumnités, les unes produites par l'expiration du fluide et les autres par l'inspiration, mais, quelquefois, pour conserver les médiumnités très mécaniques, nous ne développons aucune de celles qui s'obtiennent par l'inspiration du fluide.

Certains médiums extériorisent quelques parties fluidiques et en conservent assez pour maintenir l'équilibre du corps physique, présider à la continuation de la vie et alimenter superficiellement le cerveau, ce qui permet au médium de causer, toutefois sans qu'on puisse lui faire résoudre un problème ardu ou lui demander une dissertation littéraire, car les forces physiques restées au corps matériel seraient insuffisantes à donner le maximum d'une pensée.

J'ajouterai que ceci n'est pas le fait d'une volonté propre au médium, car il est impuissant à produire l'extériorisation mesurée ou dosée à l'avantage ou au désavantage de son équilibre physique.

Comment peut-on qualifier le genre de médium-

nité de Marie—beaucoup de gens me posent cette question?

R. L. — Marie ne dort pas du tout, comme certaines gens s'obstinent à le croire -- il n'y a donc pas de trance. Seulement nous ralentissons un peu sa production cérébrale naturelle, afin qu'elle ne participe pas, même involontairement, à nos communications.

Elle est bien là, cependant, puisqu'elle rit et cause?

Elle est parfaitement là, mais seulement un peu inactive d'esprit, comme quelqu'un qui ne pense à rien d'important. Il est bien certain qu'elle peut causer avec vous de sujets moyens, mais elle ne pourrait pas créer quelque chose, résoudre un problème ou composer un oratorio.

Si elle devait être en pleine vigueur cérébrale, cela nous gênerait considérablement, car cette production intellectuelle s'infiltrerait à travers notre domination pour lui barrer le passage.

Comme nous vous l'avons expliqué: pour que nous puissions nous servir du laboratoire, il faut qu'il soit vacant, ou que son habitant soit tranquillement assis dans un coin et ne gêne pas nos allées et venues -- donc, Marie est assise dans un coin; elle ne dort pas, et est invitée à séjourner sans faire de bruit.

Si nous devions nous incarner, nous la prierions au contraire de sortir complètement, afin de nous laisser la place vacante.

Ce que nous vous disons de la médiumnité en général et des conditions qui sont nécessaires pour l'expérimentation, sera un enseignement utile pour Messieurs les chercheurs qui veulent toujours découvrir des vers luisants avec une grosse lanterne à la main, et cela leur apprendra peut-être que, pour obtenir des phénomènes spirites et non pas des suggestions hypnotiques, il faut se plier aux exigences qui découlent de l'état spécial dans lequel notre monde éthéré se trouve vis-à-vis de votre monde matériel.

Je croyais que vous dirigiez vous-même la main du médium?

C'est exact. Nous dirigeons nous-mêmes la main, mais en appuyant sur le grand ressort, et, même alors que nous nous emparons du bras du médium au point qu'il sente un poids sur lui, notre périsprit s'unissant à votre corps se met en outre en relation avec le cerveau.

Seulement, n'oubliez pas que le cerveau, dans ce cas, n'est que l'instrument électrique qui met en activité les membres auxquels nous nous adressons, et qu'il faut bien que nous agissions sur lui pour le neutraliser, car, sans cela, le médium écrirait autant par lui-même que par nous. La première chose que nous ayons à faire, c'est de nous emparer des organes qui pourraient nous gêner, parce qu'ils sont les transmetteurs de l'intelligence.

Je vois que ce qui vous choque, c'est de penser

que nous agissons d'abord sur le cerveau! cependant, quand vous avez devant vous une machine à écrire, vous êtes obligée d'appuyer sur les boutons qui figurent les lettres pour écrire ce que vous voulez. Si, au lieu d'employer ce moyen, vous vouliez faire frapper chaque lettre à son tour en la prenant directement, le coup frappé par la lettre ne serait pas assez fort pour l'imprimer. Il faut donc avoir recours aux 25 boutons qui figurent les 25 lettres de l'alphabet, afin que la lettre projetée par la force mécanique vienne heurter suffisamment le papier pour y laisser son empreinte.

Maintenant, supposez que vous, le propriétaire de la machine, vous soyez en train d'écrire et qu'un autre vous renvoie, vous fasse sortir, et écrive, avec cette même machine, une chose inconnue de vous — la saurez-vous? Du tout.

Donc, il suffit de chasser l'âme pour être maître du cerveau, et c'est ce que nous faisons — nous la chassons, ou, pour mieux dire, nous la faisons sourde et aveugle, et nous nous substituons à elle (1)

Y a-t-il une différence, pour la production des phénomènes, entre la médiumnité des hommes et celle des femmes?

R. L. — La médiumnité n'est pas une question

---

(1). — (Nous rappelons que toutes les questions ont été spontanées — dictées presque toujours par la réponse précédente — et faites par une personne autre que le médium, lequel écrivait très rapidement et souvent en parlant d'autre chose.)

de sexe. On trouve des médiums hommes et femmes, sans distinction, et d'égale force dans les deux sexes — les facultés ne diffèrent pas selon le sexe.

Est-il important de les alterner dans une séance?

Quand il y a hommes et femmes dans une séance, il vaut mieux ne pas les séparer en deux camps, parce que les fluides sont pourtant un peu différents et demandent à être mélangés, mais on peut très bien obtenir des résultats rien qu'entre hommes et rien qu'entre femmes.

Les taches dans les yeux des médiums y sont-elles vraiment toujours?

Ce ne sont pas précisément des taches — ce sont des stries — et ce n'est peut-être pas absolu, mais c'est général. Elles se voient moins dans les yeux foncés.

Pourquoi les manifestations lumineuses des médiums?

Parce que le fluide astral sort en assez grande quantité pour se condenser en dehors d'eux.
Tout le monde émane du fluide, mais c'est plus ou moins, et cela se diffuse tout aussitôt, tandis que le médium qui en dégage rapidement, par flocons, en emplit l'atmosphère, et ce fluide devient lumineux parce que, en rencontrant l'élec-

tricité ambiante, il éclate. C'est la théorie des éclairs et de la phosphorescence des fluides.

Si ces points lumineux n'éclairent pas autour d'eux, c'est parce que la projection d'une lumière destinée à paraître sur le plan physique n'existe que venant de la matière elle-même. Si, au contraire, vous prenez une lumière de l'au-delà — lumière périspritale ou autre — elle produit la lumière sur son plan qui est l'au-delà, mais ne pourra la produire sur le vôtre, puisque sa provenance est d'une matière qui ne ressemble pas à la vôtre, et que la condensation complète ne peut se faire.

Est-il vrai, comme le disent les occultistes, que les animaux peuvent être médiums?

C. R. — Très peu, parce que leur fluide n'est pas assez conduit par l'intelligence.

Cependant, quand je dis: « très peu », c'est parce que je compare leur médiumnité à celle des hommes et qu'il y a un écart entre les deux, mais il faut mentionner la médiumnité du chien, qui a la faculté de l'extériorisation pendant le sommeil et celle de percevoir les Esprits qui viennent chercher un mourant.

Ce n'est pas un vieux et ridicule dicton que celui qui prétend que le chien hurle à la mort — c'est l'exacte vérité. Dans ces moments-là, l'animal sent les influences étrangères; il sent le lien qui va se rompre et les perturbations qui s'en suivront.

Enfin, il perçoit encore les images de la pensée, et c'est ce qui rend quelquefois les animaux bizarres, inquiets, sans qu'on sache pourquoi.

Vous dites: « les animaux » — il y en a donc d'autres que le chien qui soient influençables?

Oui, mais c'est chez le chien et chez le chat que la médiumnité est la plus développée.

Y a-t-il vraiment des anti-médiums?

Oui. Il y a des êtres qui n'ont qu'à mettre la main sur la table pour que tout mouvement cesse, y eût-il dix personnes alentour. Ils ont un flui-de constrictant.

Etes-vous d'avis qu'on traite les médiums comme des instruments scientifiques, qu'on les perfectionne et les améliore, et, surtout, qu'on les rende justes et équilibrés?

C. R. — Ce n'est pas du tout mon opinion, car, si vous façonnez un médium, vous lui enlevez toute sa spontanéité, toute son originalité — vous en faites un être normal pour la terre, et il cesse alors d'être un intermédiaire entre vous et nous. Nous nous servons beaucoup plus sûrement d'un médium rudimentaire que d'un trop façonné.

On naît médium quand on est vraiment un fort médium. Il est impossible de le devenir complètement si on ne l'est pas en naissant.

Alors, il ne faut pas faire des collèges de médiums?

Non. Si l'on faisait des collèges de médiums, on risquerait d'entraîner vers les phénomènes des êtres trop jeunes, peut-être simplement nerveux, et qui, subissant l'entraînement du contact, arriveraient à des troubles n'ayant rien de médianimique. Il y aurait recrudescence de cette caricature spirite qui est l'hystérie.

Ce qu'il vaut mieux faire, c'est laisser les vrais médiums s'imposer par leurs facultés réelles, et, dès lors qu'elles sont constatées, leur éviter les fatigues extérieures, afin que la médiumnité, loin de disparaître, s'affirme davantage et devienne plus belle chez eux.

Une grande quantité de fluide dépensée dans le travail intellectuel peut-elle nuire à une médiumnité typtologique?

R. L. — Oui, très bien. Une médiumnité baisse toujours quand il y a travail en dehors — un bon médium ne devrait rien faire.

Le professeur Ochorowitz insiste sur la sensibilité morale des médiums?

Il a bien raison.

On confond les médiums avec les hystériques, parce que les uns et les autres sont extériorisables et sensitifs.

On ne comprend généralement pas le tempérament des médiums, et il faudrait être bien persuadé que, s'ils ont des soucis, des contrariétés, des inquiétudes — s'ils sentent l'énervement dans l'assistance, le doute, ou tout autre sentiment fâcheux, leurs facultés tombent immédiatement.

Quand les médiums sont nerveux, ils extériorisent, de ce fait, tous leurs fluides par petites doses, d'où il résulte que, lorsqu'il faut en extérioriser une portion active, ils n'ont plus l'intensité voulue. Il faudrait qu'un médium fût toujours content, heureux, et entouré de gens calmes, confiants et de bonne humeur.

Un sujet, pour réussir, a-t-il vraiment besoin d'être obsédé par le désir d'obtenir un résultat quelconque?

C. R. — Oui, pour certains sujets — et cet appoint de la volonté est beaucoup plus nécessaire dans les phénomènes physiques que dans les phénomènes intellectuels, parce que tout ce qui est physique touche à la magie, et qu'il n'y a pas de magie sans émission de la volonté.

Un médium peut-il puiser de la force chez un vivant?

Si le médium puise du fluide chez l'incarné, il prend simplement des forces adjuvantes, mais, si on le magnétise, on s'empare de sa personne périspritale, et les Esprits sont très gênés par cette collaboration.

La magnétisation humaine du médium rend le phénomène plus matériel?

Oui, parce que le magnétisme humain, dans les matérialisations, a le don de grossir, d'épaissir le fluide du médium, et que cette matière ne peut être rendue malléable que par des êtres très grossiers.

Vous me dites que, pour avoir des réponses probantes et précises, il faut que le médium ait de la force physique — c'est bien plutôt de force psychique que l'Esprit se sert pour remplacer la force vitale qui lui manque?...

Oui, mais il faut que la force psychique soit fortement alimentée par la force physique.

La différence d'intelligence des phénomènes vient-elle de la différence d'intelligence des Esprits ou des médiums?

Des Esprits.
Si la force physique est assez grande, l'Esprit peut se reconstituer une nature complète dirigée par sa propre intelligence.

Comment se fait-il que les plus forts médiums soient souvent des gens qui n'ont rien d'extra-

terrestre dans leur manière d'être ou leur conduite?

Il est quelquefois nécessaire que les phénomènes soient obtenus par des êtres grossiers, afin d'être plus probants. Si l'un de nous peut dire par ces gens une chose de valeur, on ne peut les accuser d'avoir trouvé cette chose dans leur propre cerveau.

Puis, les médiums indignes n'ont pas toujours été indignes — souvent, ce sont les exigences et les ignorances du public qui les poussent à la supercherie.

Il y a tant de cas différents qu'il faudrait faire des personnalités nombreuses pour traiter la question.

Ce n'est pas tout de trouver le médium — il faut encore qu'il réunisse beaucoup de conditions. Il faut, d'abord, qu'il sache ce qu'est le spiritisme, puis, qu'il connaisse ses facultés, et, enfin, qu'il ait le désir de s'en servir.

Il y a énormément de médiums, mais il en est dans toutes les classes de la société. Or, les uns n'ont pas le temps, les autres sont arrêtés par la religion ou par d'autres scrupules.

(*Nous nous étonnons de voir une personne beaucoup moins intelligente que d'autres être meilleur médium?*)

Oh, la médiumnité n'est pas une cause d'intelligence — c'est tout à fait indépendant. L'intelligence et la médiumnité n'ont rien à voir ensemble.

On peut être intelligent et médium, mais on peut être aussi inintelligent et médium.

Pourquoi est-il difficile de répéter par un médium une chose dite par un autre?

R. L. — (*Coups frappés*): BRIQUES ET MEULIÈRES PEUVENT CONSTRUIRE DEUX MAISONS DE MÊME GRANDEUR, MAIS DIFFÉRENTES D'ASPECT ELLES SERONT.

(*Je dis que, sûrement, le médium a une influence sur les communications qui se ressentent, tout au moins, de son caractère et de sa manière de voir en général!...*)

C. R. — Oui, mais cette influence ne dénature jamais ce que nous voulons dire — c'est comme un moule qui donne sa forme à la marchandise dont nous le remplissons.

―――――

Chacun est-il, oui ou non, un peu médium?

R. L. — Tout le monde a en soi le fluide qui fait les médiums, mais tout le monde n'a pas les pores assez spongieux pour le laisser s'échapper. Je dis les pores, mais ce n'est pas exact — c'est une façon de me faire comprendre. C'est-à-dire que, chez beaucoup, le fluide est comme adhérent à la matière et ne peut s'échapper.

Cependant, à force de renouveler des essais, on arrive à en laisser échapper des parcelles — la porte s'ouvre légèrement, puis, bientôt, plus complètement. On arrive à cet entraînement par la confiance et la volonté.

(Je demande à Roudolphe s'il n'est pas découragé de mes essais de coups frappés et du si lent développement de ma médiumnité?)

Non — le découragement est bon pour les vivants parce qu'ils sont toujours pressés, mais, nous, nous voyons tellement de temps devant nous que nous ne le sommes nullement.

La médiumnité naturelle est-elle une supériorité?

Non. C'est une question presque matérielle — les enveloppes des médiums sont moins imperméables.

Un collaborateur de la Revue psychique *suisse pense que chacun est un peu médium, et que les personnes considérées comme dépourvues de toute médiumnité reliées toutes ensemble et faisant la chaîne, arriveraient à obtenir quelques résultats?*

Mon avis est différent. Je prétends que si, dans le nombre, il n'y a pas un médium au moins, on n'aura rien, ou bien ce qu'on aura sera simple.

ment une extériorisation de force psychique qui ne pourra servir de lien avec l'au-delà.

Pour la médiumnité, la quantité n'a jamais pu remplacer la qualité, et c'est si vrai que, dans une réunion de dix personnes, par exemple, si neuf se retirent de la table, il suffira que celle médium y soit restée pour que les phénomènes continuent. Tout le monde a l'embryon de la faculté, mais souvent les pores psychiques ne sont pas de nature à extérioriser cette faculté.

C'est comme si vous enfermiez une lanterne allumée au fond d'une armoire — si les planches de l'armoire sont très bien jointes, la lueur ne les percera pas, mais si, au contraire, les planches sont un peu disjointes, la lumière passera au travers.

———

Puisque la jeunesse de la terre, en Amérique, favorise tant la médiumnité, doit-on penser que, plus la planète sera vieille, et moins il y aura de médiums?

Vous voyez là une contradiction, mais il n'y en a cependant pas.

Il y aura plus de médiums connus ou se connaissant lorsque la croyance sera répandue et que chacun aspirera à se mettre en rapport avec nous — ceux qui sont les petits médiums arriveront à augmenter leurs facultés par l'essai journalier et le désir de réussir, mais il est bien certain que, plus la terre vieillira, moins elle dégagera de forces fluidiques destinées à fournir une électricité absorbable par les médiums et devant être transformée en force médianimique.

Je crois que, pour remédier à cet inconvénient, il y aura une compensation, car vous savez que tout ce qui disparaît se remplace — il y a longtemps qu'il n'y aurait plus un arbre en France si les mines de charbon n'étaient venues fournir un combustible destiné à remplacer le bois. Eh bien, à mesure que la croyance fera se développer les facultés médianimiques, la force dynamique de la planète sera remplacée par l'hérédité, et un Esprit qui s'incarnera chez des parents médiums bénéficiera de leur médiumnité.

Toute faculté non travaillée s'atrophie ou, tout au moins, ne s'étend pas — aussi y a-t-il beaucoup de gens qui s'ignorent médiums, et finissent même par perdre une faculté apportée en naissant. S'ils s'en servaient, leur médiumnité serait comme un membre qu'on fait travailler: elle prendrait des muscles et les parents la lègueraient à l'enfant qui viendrait leur demander la vie.

EXPÉRIENCES

(EXPÉRIENCES DIVERSES)

Comment définir l'écriture médianimique?

C. R. — C'est une appropriation, un lien odique, entre l'Esprit et le médium.

L'écriture médianimique est due à l'intervention de l'Esprit se servant des facultés du médium et jouant, pour ainsi dire, avec son organisme pour donner une communication qui peut être plus ou moins facile ou intéressante selon que le médium est plus ou moins entraîné à subir son influence.

Les Esprits en général se souviennent-ils de leur manière d'écrire?

Beaucoup d'Esprits oublient leur manière d'écrire, n'ayant jamais à la rappeler à personne.

Mais vous vous souvenez de la vôtre?

Oui.

Plusieurs de nos amis invisibles nous rappellent absolument leur écriture — pourquoi ne faites-vous pas comme eux?

Si je ne le fais pas, c'est qu'il y a longtemps que j'ai quitté la terre. Je vous ai donné, au début, ma signature, et, depuis, au lieu de m'appliquer à un graphisme enfantin et par trop matériel, j'ai surtout fait un effort pour reconstituer ma personnalité, car c'est encore bien plus par la nature de ce que dit un Esprit que par la formation de ses lettres qu'on peut le reconnaître. J'ai donc abandonné toute manifestation empreinte de matérialité pour ne parler qu'à votre souvenir et à votre pensée.

Aujourd'hui, n'ayant pas exercé de longue date les mouvements graphiques d'un médium, je ne pourrais que difficilement vous donner une preuve qui, en réalité, n'est nécessaire que pour ceux qui ont des motifs de doute, ce qui n'est pas votre cas.

C'est très difficile, en somme, et très rare de donner le moule véritable de son écriture déjà déformée par le passage dans le fluide du médium.

Vous aimez mieux l'écriture médianimique que les coups frappés?

R. L. — Oui.

La lenteur du procédé des coups vous agace?

C'est plus difficile, parce que, avec l'écriture,

nous concevons à la fois toute une phrase, tout un développement, et cela nous laisse libres de poursuivre notre idée, littérairement parlant. D'un autre côté, le médium, une fois lancé, ayant un cerveau éduqué à l'orthographe, nous nous contentons de penser un mot, une phrase, et d'appuyer, pour ainsi dire, sur le bouton qui met en action le mouvement graphique — tandis que, pour les coups, il nous faut épeler lettre par lettre et cela arrête absolument notre pensée et sa corrélation.

———

Nous aurions tant désiré avoir de l'écriture directe — comment faut-il la définir?

C'est la matérialisation de la pensée.

Cela existe?

Oui — puisqu'on a photographié la pensée, sa matérialisation existe.

L'écriture directe est-elle un phénomène physique?

Oui.

Est-il vrai qu'elle soit produite par le double et soit de l'animisme?

Très rarement, et seulement chez les médiums

dont les phénomènes sont, en général, du dédoublement.

Tous ces phénomènes ne sont-ils pas un seul et même phénomène à des degrés différents?

Je l'ai toujours dit, et c'est bien pour cela que je n'ajoute aucune importance à ces classifications.

C. R. — L'écriture directe est très difficile à obtenir, parce qu'il y a là une nécessité de déplacement d'objet sans contact, et que la chaîne fluidique fait défaut.

Faudrait-il, pour l'obtenir, que nous fussions plus de deux?

Cela ne signifierait rien — il faut un médium ayant cette faculté, et c'est tout.

La quantité des médiums présents n'a d'importance que pour les cas où une grande agglomération des fluides est nécessaire — par exemple, pour obtenir des lumières, parce que, dans ce cas, il faut une dose d'électricité humaine assez considérable, et que chacun en dégage une part plus ou moins grande — mais, quand il s'agit d'un phénomène spécial, les médiums doués de la faculté requise sont seuls à compter. Ayez plusieurs médiums obtenant des petits coups... s'ils sont réunis, les coups seront plus forts, mais ces mêmes médiums, malgré leur réunion, seront incapables de provoquer de l'écriture directe ou de devenir subitement voyants.

La seule aide qui soit fournie par la réunion de plusieurs médiums, en dehors des lumières, c'est la récupération des forces épuisées.

Pourquoi faut-il mettre un crayon dans les ardoises destinées à de l'écriture directe?

Parce qu'il y a, pour les Esprits, deux manières de procéder: ils se servent de la touche ou ils ne s'en servent pas. Quelques-uns peuvent matérialiser une substance manquante, et d'autres, ne pouvant pas opérer une matérialisation, se contentent de faire bouger le crayon et de le diriger.

Comme on ne connait pas d'avance les moyens de l'Esprit, il faut mettre la touche.

D'où vient que le crayonnage de l'écriture directe s'efface à la lumière?

De ce que c'est une sorte de photographie — autrement dit, ce qui sert aux Esprits est peu matérialisé et s'efface au jour comme une photographie non fixée.

Il faut mettre la feuille à l'abri du jour et de l'air — l'enfermer dans du papier noir non glacé.

Comment faites-vous pour donner des coups dans le bois?

R. L. — Nous nous servons des fluides accumulés comme d'un souffle pour faire résonner l'objet — table ou mur. Les fluides sont, pour nous, l'équivalent du souffle d'un instrumentiste. Les sons n'étant que des vibrations, nous les provoquons à l'aide des fluides que nous avons pris au médium et que nous dirigeons sur l'objet.

Est-ce quelquefois contre votre attente qu'il ne vient qu'un coup au lieu d'une réponse?

Oui. Quelquefois, nous nous trouvons n'avoir pas assez accumulé. Nous croyons avoir pour deux ou trois coups, mais, si le fluide est peu puissant ce jour-là, il en faut une plus grande quantité, ce qui fait que nous avons tout dépensé pour le premier coup.

Pourquoi y a-t-il parfois des glissements?

Parce que, lorsqu'il s'agit d'une tablette très légère, il arrive qu'en lui déchargeant du fluide, nous donnons l'impulsion au lieu de donner le coup seul.

Les coups dits raps peuvent-ils vraiment être uniquement magnétiques?

Non — c'est une grosse erreur de ces enragés magnétistes.

Les coups frappés dans une table sont un des procédés qui excitent le plus les plaisanteries des ergoteurs!

Nous n'avons jamais dit que nous étions dans une table — nous nous servons de cette table comme d'un appareil télégraphique actionné par les forces médianimiques du médium.

C. R. — Dans les expériences de coups frappés comme dans celles d'écriture, ne prononcez jamais le mot *preuve* quand vous nous demandez quelque chose — cela met toujours le médium principal dans une sorte de nervosisme qui nous gêne en donnant aux fluides une insouplesse et une indocilité.

Même aux coups, tout passe dans la tête du médium !

Non, dans ses fluides.

On demande comment doivent s'y prendre, pour leurs petites séances, deux jeunes amies médiums inexpérimentées ?

Il faut qu'elles appellent leurs guides, parce que, si elle se mettent à laisser venir tout le monde sans faire amener les Esprits par leurs guides, elles auront des tromperies, surtout à cause de la nouvelle dame qui commence seulement à expérimenter.

Il faut qu'elles se recueillent avant de mettre les mains sur la table, puis, qu'elles demandent à peu près dans ces termes :

« Je prie instamment l'Esprit qui est chargé de me guider dans la vie de venir dans cet instant, de me donner son nom et de me dire de quelle façon je dois l'appeler.

« Je prie également les Esprits supérieurs de faire en sorte que mon guide vienne à moi seul et sans amener aucune entité de l'espace, afin que nous formions une union sérieuse pour la réussite de nos expériences. »

Puis, il faut qu'elles concentrent leur pensée et leur volonté sur ce point pendant une dizaine de minutes, et que, pendant les cinq premières, elles ne mettent pas les mains sur la table — pendant les cinq dernières, elles les y mettront et appelleront avec force.

L'Esprit qui vient se faire photographier doit-il « fixer sur son corps astral une couche de matière d'ordre différent, pour que sa forme et son aspect puissent devenir visibles sur la plaque »?

Oui. On s'enveloppe d'une substance rappelant la matière terrestre, afin de pouvoir être pris par un appareil terrestre.

Est-il vrai que, pour obtenir une photographie d'Esprit, il n'est pas besoin que la matérialisation soit poussée aussi loin que pour rendre un Esprit visible à l'œil ordinaire?

Oui — c'est vrai, puisque la plaque peut voir ce que l'œil ne voit pas.

Est-ce qu'une photographie représentant un être à contours parfaitement nets et semblant une photographie d'un être vivant, peut être authentique?

Les photographies d'Esprits réelles sont toujours, non pas une image nette, mais une image floue, dans laquelle on retrouve des traits connus, car la logique elle-même est là pour vous dire qu'en admettant que la plaque reproduise des choses invisibles pour les assistants, il faut cependant que l'objectif fasse un travail normal, et, comme il reproduit très flou des êtres vivants éloignés ou simplement mal éclairés, il ne peut pas reproduire nettement un Esprit qui se présente beaucoup plus nébuleux qu'un être incarné.

Cet Esprit se présente flou parce qu'il n'est pas très bien matérialisé, et il y a toujours des draperies parce que nous nous couvrons de fluides qui, en se matérialisant, font l'effet de draperies.

(*A propos des lumières que les Esprits produisent pendant les matérialisations pour se rendre visibles, je demande à Charles si, pour que je le voie, le soir, quand je me donne tant de peine afin d'y parvenir, il produit une lumière, ou s'il est lumineux par lui-même?*)

Je suis lumineux par moi-même, chère amie, mais, là, il ne s'agit pas d'une matérialisation. S'il s'en agissait, ma propre lumière ne suffirait pas, parce qu'elle n'est visible que pour les médiums, et, si je voulais redevenir matière, il faudrait que je crée une lumière pouvant éclairer ma matérialisation.

Qu'est-ce que le médium voyant qui est avec moi voit de vous?

Ma lueur périspritale, et ce sera également cette lueur que vous verrez.

Ce ne sera pas une matérialisation?

Oh, jamais.

Est-il vrai que l'incrédulité aux phénomènes du spiritisme soit aussi grande chez vous qu'ici-bas, particulièrement au point de vue des phénomènes de la matérialisation?

Oui — Il y a même des Esprits qui n'y croient pas du tout.

Ceux qui se matérialisent comme l'a fait Katie King avec Crookes le savent très bien — c'est prévu, c'est voulu — mais supposez un Esprit qui, tout à coup, se trouve, en errant sur la terre, près d'un médium ayant les facultés nécessaires à la matérialisation et étant précisément dans les conditions voulues pour la produire... l'Esprit se trouvera matérialisé et verra la surprise du médium, mais, comme il n'aura pas cherché le phénomène, il ignorera s'il s'est produit et pourra croire à une vision du médium.

A côté de cet exemple, il y a des cas où l'Esprit visite une quantité de médiums sans pouvoir se matérialiser.

Que prouvent les matérialisations?

La matérialisation que, du reste, les ergoteurs qualifient d'extériorisation des forces du médium, ne prouve rien au point de vue de la survivance de la personnalité.

A mon avis, les phénomènes physiques échapperont toujours à la sanction spirite, parce qu'on les expliquera autrement.

Que ceux qui sont spirites soient convaincus de la réalité d'une matérialisation, ce n'est pas étonnant — ils sont spirites, donc ils admettent le principe, et la matérialisation leur apparaît comme une chose tout à fait indiscutable. Mais, s'il s'agit de sceptiques déjà imbus de cette idée que les forces invisibles de l'être humain sont multiples et tout à fait inconnues, ces sceptiques attribueront à ces forces tous les phénomènes physiques, sans avoir la pensée d'en rendre responsables les Esprits auxquels ils ne croient pas.

L'idéoplastie existe-t-elle, oui ou non?

C. R. — Oui, puisqu'on photographie la pensée, mais, à l'heure actuelle, les savants abusent vraiment de ce mot.

Photographier une pensée prouve l'idéoplastie ou condensation d'une idée en une image semi-matérielle, capable, par conséquent, d'influencer une plaque photographique.

Cette appellation et cette découverte très réelle ont cependant le tort d'avoir été beaucoup trop souvent adaptées à une quantité de phénomènes qui n'ont rien à voir avec la fiction.

L'idéoplastie est un phénomène plutôt rare, mais qui existe surtout chez certains médiums à fluides extrêmement opaques et matériels qui, en plus, ne sont entourés que d'Esprits inférieurs — quand on a l'aide d'entités très vulgaires.

Dans l'idéoplastie, la substance sert-elle à quelque chose?

Oui — à former le fantôme.

Les pensées sont donc formées de substance?

Si on peut les photographier, c'est qu'elles ont pris matière.

Les pensées de tout le monde en général n'ont qu'une consistance astrale, et ne peuvent en prendre une matérielle que sous l'influence médianimique.

Il est probable que reconnaître la possibilité de l'idéoplastie empêchera beaucoup de chercheurs de croire aux vraies matérialisations?

Si rien ne prouve qu'il ne s'agisse pas toujours de l'idéoplastie, rien ne prouve non plus le contraire, car, du moment où une idée, chose vague qui n'a pas de corps, peut s'imprimer dans une matière, un corps astral le peut à bien plus forte raison.

Si la matérialisation vue est une idéoplastie, c'est que l'idée, très fortement condensée par le cerveau, s'est imprimée dans la substance fluidique émanant du médium. Si pareille chose peut se faire, encore bien mieux un périsprit, qui est une forme plus tangible, réussira. L'idée de la matérialisation d'un Esprit est beaucoup moins alambiquée que celle de l'idéoplastie.

L'idéoplastie fait des formes plus plates: une idée est une chose abstraite, sans vie personnelle, et, par conséquent, ne peut adapter la substance fluidique à sa forme bien modelée, ce que peut, au contraire, l'Esprit qui se matérialise et qui a conservé l'intelligence pouvant présider à la réalisation du phénomène.

Les photographies de matérialisations véritables sont aussi quelquefois plates et sans relief?

Il se peut que la quantité de matière empruntée au médium soit insuffisante pour la reconstitution modelée du fantôme — dans ce cas, il est intelligent de la part de l'Esprit de consacrer toute la matière dont il peut disposer à la reconstitution des traits, plutôt qu'à des dimensions et une épaisseur qui pourraient nuire à la personnification du fantôme, et ceci explique le manque de relief de certaines matérialisations.

Que se passe-t-il pour les vêtements ou les draperies?

Quand ce sont des draperies, c'est que l'Esprit

s'enveloppe simplement dans la matière qu'il peut manipuler autour de lui — la matière éthérique — et quand il reprend son costume connu, c'est qu'il crée, par la pensée, une image astrale se rapportant à un souvenir.

M. Richet dit que la matérialisation d'un buste en plâtre ou d'une image lithographique constituant ce qu'on appelle un ectoplasme, ne paraîtrait pas plus absurde que celle d'une tête humaine, avec du sang, du mouvement et des pensées?

Cela me paraît plus difficile que la matérialisation d'un Esprit, parce que l'Esprit qui se matérialise trouve dans le médium tous les éléments chimiques du corps qu'il veut reformer, tandis que la chimie d'un plâtre, par exemple, ce n'est pas le corps du médium qui peut la fournir! Il faut donc la trouver ailleurs, et où?... dans l'ambiance, peut-être, mais, en tous les cas, le procédé semble beaucoup plus compliqué et plus difficile que ce que les savants rejettent — probablement parce que c'est un phénomène empreint de logique et de simplicité — à savoir la reconstitution d'un corps par les éléments chimiques d'un autre corps qui possède les facultés d'extériorisation requises pour ce phénomène.

Quant à dire que l'identité soit impossible à reconnaître dans une matérialisation parce qu'un Esprit peut prendre l'apparence d'un autre Esprit, c'est une erreur. L'Esprit peut reprendre toutes les difformités qui étaient sa propriété, mais non changer l'apparence de son périsprit contre celle d'un autre Esprit. C'est matériellement et spirituellement impossible.

Le périsprit qui se matérialise ne peut prendre que l'apparence qu'il avait dans sa dernière existence ou celle d'une existence antérieure dont l'ensemble est fixé dans le moule périsprital.

———

Est-il vrai que, dans les phénomènes de matérialisations, une commotion morale ou physique ne soit — contrairement à ce que disent beaucoup de spirites — ni mortelle ni même dangereuse pour un sujet en état de trance, à moins qu'il ne soit cardiaque?

Non, ce n'est pas vrai.

Le médium est extériorisé — il est donc sur le chemin de la mort, et il suffit d'une vibration trop forte pour séparer définitivement le corps astral du corps matériel. Même le sujet magnétisé est sensible à l'attouchement d'une personne étrangère. Il est dangereux de réveiller brusquement un somnambule — comment pourrait-on traiter autrement un médium qu'un sujet ou un somnambule?

———

Vous dites que, si les expériences de matérialisation font plus de mal que de bien, cela résulte de ce que les Esprits inférieurs seuls y prennent part — cependant M. Delanne parle de grands Esprits qui se sont matérialisés, et on a, en effet, beaucoup affirmé l'apparition de Samuel à la prophétesse d'Endor et l'apparition tangible de Jésus à ses disciples?

Il y a des exceptions, mais vous remarquerez que ce qui prouve que ce sont des exceptions et ce qui les justifie, c'est le motif qui les a produites.

Un grand Esprit ne se matérialise pas ainsi pour satisfaire la curiosité des foules. S'il y avait une mission transcendante à accomplir, il se pourrait que cela se produisît de loin en loin, mais les deux exemples cités par notre bon ami sont déjà assez distants l'un de l'autre pour établir que la matérialisation des Esprits élevés n'est pas chose commune.

Dans les conditions de la vie moderne, ni le besoin ni l'utilité ne s'en font sentir, puisqu'il ne s'agit pas de transmettre des ordres importants, et un assez grand nombre de Messies ont habité la terre pour que les hommes soient suffisamment instruits de leurs devoirs et des chemins qu'ils doivent suivre pour progresser.

Faut-il être médium pour sentir le souffle?

Certainement. Il ne suffit pas pour nous de souffler ou de toucher — il faut encore que la personne à laquelle nous nous adressons soit médium, afin de pouvoir percevoir le phénomène.

Est-ce rare de sentir le souffle?

Ce n'est pas rare de le sentir dans les séances, mais c'est rare de le sentir quand on est seul.

L'attouchement est encore plus rare, parce qu'il exige une grande sensibilité du médium et une grande assimilation de l'Esprit.

Pourquoi y a-t-il toujours du souffle en même temps que l'attouchement?

Parce que la projection du fluide peut produire les deux phénomènes à la fois.

L'attouchement est-il un phénomène purement physique?

Non — c'est physique et intelligent tout ensemble, puisque c'est un phénomène physique qui révèle une présence intelligente.

Que penser de ceux qui préfèrent les phénomènes physiques aux phénomènes intelligents?

Que voulez-vous? c'est toujours l'histoire du paysan qui ne sait pas lire ailleurs que dans les livres écrits en gros caractères.

Pourriez-vous produire des phénomènes matériels?

Oui, mais je n'aime pas le faire.

Mon ami Charles le pourrait-il?

Oui. Mais pas sans se mêler à des Esprits inférieurs.
Charles vous dit qu'il ne le ferait pas.

Qu'est-ce, en somme, qu'une lévitation?

C. R. — C'est la force médianimique jointe à celle des Esprits, et rendue ainsi assez intense pour opérer le déplacement d'un objet.

Dans les lévitations de table d'Eusapia, son fluide sert d'aimant et est plus fort que la matière dont la table est formée.

Mais la lévitation humaine?

La lévitation d'un individu, c'est la force du corps périsprital devenue assez intense pour dominer le corps matériel, et l'inciter à suivre le mouvement qu'il désire accomplir. C'est le corps astral qui reprend ses facultés avec une telle puissance que le corps matériel le suit, comme un morceau de fer rejoint l'aimant.

Que pensez-vous des expériences avec Eusapia?

R. L. — Toutes ces expériences publiques font plutôt du mal — pour que des phénomènes purement physiques soient probants, il faut qu'ils aient lieu en tout petit comité.

Les expériences d'Eusapia font croire au fluide, mais ne peuvent convaincre quant au spiritisme.

Qui agit par Eusapia?

Des Esprits généralement inférieurs.

Ce n'est pas le double du médium qui produit les phénomènes?

Si, mais avec le concours de ces Esprits, c'est-à-dire qu'ils se servent de ce double comme d'une force qui s'ajoute à la leur pour augmenter la matérialité du phénomène.

Je n'aime pas du tout, en général, les phénomènes purement physiques et j'ai bien envie de refuser toute participation à la venue d'Eusapia, en disant qu'elle attire des Esprits bons seulement à donner raison aux théosophes?

Il est bien certain que les entités qui intéressent Eusapia sont d'une infériorité notoire, et c'est ce qui leur permet de produire ces manifestations qui amusent tant les badauds spirites, mais qui ne sont ni élevées, ni consolatrices.
Il est absolument prouvé que les forces occultes des Esprits inférieurs sont plus aptes à produire les déplacements d'objets, parce que l'émanation de ces êtres possède une matérialité qui prend plus facilement contact avec les objets matériels, et c'est pourquoi il faut un peu — et même beaucoup — se tenir sur ses gardes dès qu'il s'agit de prendre part à des séances de ce genre.

Les mouvements d'objets sans contact sont-ils vraiment produits par les membres fluidiques des médiums?

C. R. — Oui et non — c'est-à-dire que les déplacements d'objets peuvent être opérés ainsi, mais qu'ils peuvent encore mieux l'être par les membres fluidiques de l'Esprit rendus plus matériels grâce à l'appui du médium.

Beaucoup de gens prétendent que, chez Eusapia, tout est de l'animisme, autrement dit que tout est dû au prolongement fluidique du corps du médium?

Je crois que lorsqu'Eusapia fait un geste dont la réalisation se produit à distance, c'est un prolongement, mais que, lorsqu'il y a matérialisation d'une main, et que cette main est différente d'aspect de la sienne, il y a là sûrement une manifestation spirite.

Mais cet animisme, qui domine dans les séances d'Eusapia, n'est-il pas une arme contre le spiritisme?

Oui — mais vous comprenez qu'il est impossible que ce que vous appelez animisme n'existe pas. Pour qu'un médium à matérialisation (de quelque genre que ce soit) puisse fournir la substance matérielle à un Esprit, il faut que cette substance sorte de lui-même et se condense au dehors.

S'il y a manifestation intelligente, c'est qu'un

Esprit présent a pu s'emparer de cette extériorisation et l'approprier à cette rematérialisation de son périsprit; mais, lorsqu'aucun Esprit n'est là ou que les Esprits présents ne peuvent pas produire le phénomène, l'extériorisation du médium agit pour le compte de celui-ci en s'aidant encore des forces et des images projetées par les assistants.

Lorsqu'il s'agit, non pas d'apparitions, mais de déplacements d'objets ou des mains fluidiques d'Eusapia matérialisées, Eusapia se sert de sa propre extériorisation, et il n'y a aucun Esprit qui participe au phénomène.

Il est bien regrettable qu'on puisse accuser de tricherie le seul médium à matérialisations connu qui ait une valeur réelle!... Que faut-il penser de cette accusation?

Nous sommes d'avis que les phénomènes d'Eusapia étant très souvent dûs à l'extériorisation du médium, le double, une fois libre, laisse le corps physique sans direction immédiate, et celui-ci, encore lié à la partie agissante extériorisée, agit quelquefois par action réflexe — c'est ce qu'on appelle tricher, mais tricher inconsciemment.

Il faut donc toujours tenir Eusapia, afin que son corps physique ne suive pas l'impulsion du corps périsprital extériorisé.

Qu'avez-vous pensé de ces essais d'incarnation, hier au soir?

R. L. — Je n'aime pas le phénomène de l'incarnation, parce que, dans l'incarnation, il y a un mélange de fluides et de natures trop grand pour qu'on puisse garder sa personnalité.

Je croyais que les Esprits avancés ne pouvaient pas s'incarner?

Nous pouvons tous le faire, mais les Esprits avancés y ont une extrême répugnance. Ce n'est pas du tout agréable de se mélanger ainsi à n'importe quel périsprit, à moins que le médium ne soit d'une nature en rapport avec celui qui s'incarne.

N'en est-il pas un peu pour les incarnations comme pour les matérialisations au point de vue de la matérialité du phénomène?

C. R. — Les incarnations sont un peu supérieures aux matérialisations, c'est-à-dire qu'il est plus facile à un Esprit évolué de se présenter en incarnation qu'en matérialisation, parce qu'il fait simplement jouer les organes du médium, et ne se refait pas un corps adhérent à son périsprit avec la matérialité de ce médium.

L'Esprit se sert des organes du médium comme d'un clavier dont il ferait jouer les touches — il peut même faire mouvoir ces organes à une petite distance de lui par la seule force de ses rayons fluidiques, lesquels sont comme les ficelles d'un théâtre de marionnettes qui serait le médium.

Y a-t-il vraiment, en séance, des incarnations d'Esprits élevés?

Non, chère amie. A l'exception du guide du médium, qui peut s'incarner chez son protégé, ces incarnations d'Esprits élevés ne se font que par procuration.

Celui qui s'incarne n'est jamais très élevé lui-même?

Non, à moins qu'il ne soit le guide du médium.

Vous me comprenez de ne pas aimer ce phénomène?

Oui, parce qu'il y a très souvent un mélange.
Le médium, pendant le temps de l'incarnation, est parti, mais son cerveau est là et ressert ses souvenirs inconscients, ce qui fait que l'Esprit incarné rencontre tous ces souvenirs, et que cela le gêne considérablement et l'empêche souvent de dire absolument ce qu'il veut.

Que se passe-t-il quand le médium se débat?

C'est que l'Esprit a de la peine à prendre sa place, soit qu'il n'ait pas l'habitude du phénomène, soit que le médium soit mal disposé.

Le médium se débat parce que l'incarnation est pour lui un phénomène qui se rapproche de la mort.

(A propos de la conférence du Dr Geley sur nos correspondances croisées (1)....

Il ne faut pas espérer que ce siècle verra tomber toutes les observations et objections des détracteurs du spiritisme.

Beaucoup mettront vos expériences sur le compte de la télépathie.

Même celle du rêve?

Celle du rêve est inexplicable par tous moyens, mais vous savez ce que sont les détracteurs : les plus grosses bêtises ne les effrayent pas pourvu qu'ils fassent de l'opposition.

Consolez-vous cependant : le nombre de ceux qui seront enthousiasmés suffira pour vous satisfaire.

Mais nous n'enfoncerons que des portes ouvertes!

Il y a des portes qui sont si peu entr'ouvertes que le moindre choc les ferait fermer bien hermétiquement — ces portes-là pourront, à la poussée que leur donneront vos expériences, s'ouvrir toutes grandes à la vérité.

Le nom de chercheur va généralement aussi mal que possible aux savants de la terre, étant donné qu'ils évitent de partir d'un point inconnu

---

(1) S'adresser, pour recevoir le compte-rendu de cette Conférence, à M. Henri Durville, imprimeur-éditeur, 23, rue Saint-Merri, Paris, I^e.

pour se faire une opinion après les preuves acquises, et qu'au lieu de cela ils partent d'une idée préconçue pour aller vers un point qui doit cadrer avec cette idée. Par ce système, les expériences sont sans intérêt et nulles.

Les savants qui s'occupent de sciences terrestres sont, en sciences psychiques, des écoliers trop imbus de leur science acquise pour vouloir accepter d'autres leçons. Ces leçons, c'est vous, les patients expérimentateurs spirites, qui pourriez les leur donner, mais ils vous dédaignent.

Le moment n'est sans doute pas encore venu pour eux d'avoir les yeux ouverts à la lumière de vérité, mais vous pouvez et devez continuer à travailler pour leur prouver que vos recherches n'ont pas été vaines, et tâcher de les amener, par les résultats obtenus, à ce qu'ils refusent encore d'admettre.

Plaignez-les, car, en ces matières, vous êtes les forts et eux sont les faibles.

Que faut-il répondre à M. Feilding qui dit que la clarté et la netteté de nos correspondances croisées, sont un obstacle à sa conviction?

Lui dire que jamais nous ne serions arrivés à cette netteté si nous n'étions, depuis 28 ans, en communication constante avec vous par les mêmes médiums. Il y a là un travail élaboré que je ne puis comparer qu'à celui du magnétiseur sur les mêmes sujets entraînés par lui depuis de longues années, et lui permettant enfin de réaliser sur eux des expériences que très peu de magnétiseurs obtiendraient.

Les résultats de ce genre seraient plus fréquents si on procédait avec cette patience et cette méthode sans se lasser. Mais où trouverez-vous des associations comme la nôtre? Citez m'en une seule, et je me déclare battu, mais vous ne la trouverez pas — cette fidélité n'est pas dans les moyens de beaucoup d'êtres incarnés ou désincarnés.

Vous pourrez ajouter que ceux qui prendront la peine de lire vos communications se rendront compte de la netteté de nos personnalités respectives.

Il est si rare, chère amie, si rare pour nous autres, Esprits, de rencontrer des amies fidèles que rien ne rebute, ni le temps consacré, ni les déceptions forcées et dont personne n'est responsable — si rare de pouvoir se manifester toujours dans le même petit cercle, aux mêmes jours, aux mêmes heures, dans la même pièce et avec les mêmes médiums, qu'on s'explique les échecs de tant d'autres, leurs communications banales, dépourvues d'intérêt et de personnalité!

Croyez bien que, si nous avons pu vous procurer quelques bonnes heures, celles que nous avons passées dans ces chers entretiens ont réjoui nos âmes désincarnées et sont la glorification de notre fidélité réciproque.

Que ceux qui voudront marcher sur nos traces s'inspirent des conditions que vous avez si bien su observer, et eux aussi verront leurs séances prendre un intérêt qui leur avait été refusé jusqu'ici, un intérêt qui, suivant la loi du progrès infini, ira toujours croissant et leur donnera la satisfaction gagnée au prix de leurs efforts.

EXPÉRIENCES

(PREUVES)

(Comme sanction à ce recueil de communications nous avons transcrit ici un choix de quelques preuves obtenues par différents moyens d'ordre médianimique: coups frappés, écriture, visions, etc....

Le nombre de ces preuves est restreint, mais il est évident que nous avons dû en laisser beaucoup de côté comme étant trop intimes ou pouvant être taxées d'indiscrétion ou d'exagération.

Dans les preuves obtenues par l'écriture relatées ci-après, Mlle R. tenait *toujours* seule le crayon.)

Est-il vrai que la preuve irréfutable, décisive, en spiritisme, le monde l'attend encore?

R. L. — Non, ce n'est pas vrai.

Il y en a eu de semblables?

Oh, chère amie, des centaines.

Pourquoi l'a-t-on nié?

Parce que chacun veut avoir eu lui-même cette preuve, et que celle des autres ne compte pas.

Y a-t-il eu des cas où le contenu de la communication n'était connu ni du médium ni des assistants?

C. R. — Oui — il y a eu, certes, beaucoup de communications de ce genre.

En somme, les preuves ne manquent pas et n'ont jamais manqué. Seulement, les plus belles et les plus irréfutables sont généralement tellement intimes et personnelles qu'on les laisse dormir dans le silence, se rendant bien compte que, s'il faut en changer complètement les noms, les lieux d'origine, et, même, en masquer les détails, elles n'ont plus aucune valeur vis-à-vis des chercheurs qui veulent avant tout des noms et des signatures.

De sorte que nous nous débattons au milieu de ces difficultés: ou bien nous donnons une preuve non intime, et, alors, elle porte inévitablement sur un personnage ou un événement connu des assistants, et, serait-elle merveilleuse pour le groupe dans lequel elle a été obtenue, elle ne vaudrait rien pour un ergoteur — ou bien nous donnons de ces preuves intimes et transcendantes à la fois, mais, si elle sont intimes, c'est qu'elles sont, en même temps, secrètes, et portent sur une personne ou un incident que l'intéressé ne peut divulguer, et, dans ce cas, elles n'intéresseront que lui-même.

Comment se fait-il qu'en ce qui concerne la preuve donnée hier, la moitié de ce qu'on a dit soit vraie et l'autre moitié fausse?

Dans la question des preuves, c'est souvent ainsi. Comme il nous faut, d'abord, une grande force et, ensuite, une absolue inertie de toutes les facultés conscientes ou inconscientes du ou des médiums, nous réussissons quelquefois, avec cette concentration, à donner une preuve, deux preuves..... Puis, si nous voulons continuer et que le travail d'inertie mentale soit détruit en même temps que nos forces épuisées, nous continuons bien, mais ce que nous voulions dire n'arrive plus, et, dans ce que nous donnons, il y a de tout: des images inconscientes des médiums, des choses qui viennent on ne sait d'où!...

Bref, nous avons besoin d'un arrêt, d'une reconstitution des fluides, pour pouvoir produire de nouveau quelque chose d'intéressant, et, très souvent, cela ne se produit plus dans la séance présente.

Tout ceci arrive avec tous les médiums, même les plus forts, et c'est ce qui cause tant de tort aux expériences, parce qu'il est bien rare qu'on se déclare satisfait avec une seule preuve.

Si on en a une, on en veut deux — si on en a deux, on en veut trois, et ainsi de suite jusqu'à ce que le moment de perturbation arrive et qu'alors on puisse dire triomphalement: « L'Esprit s'est trompé! »

Et remarquez qu'on ne tient presque jamais

compte des choses exactes, et que c'est la seule inexacte qui fait foi.

Je ne dis pas cela pour vous, parce que vous êtes assez renseignée sur nos pouvoirs pour ne pas avoir ces exigences, mais je le dis pour tout le monde en général.

C. R.

PREUVES

(RELATION DE Mme DE W...)

L. W. — Le 2 juillet 1888, ma regrettée amie, Mme de V..., me priait d'assister chez elle à une séance de spiritisme avec le médium Mme R.

Je n'avais jamais pris part à aucune expérience de ce genre, de sorte que j'eus une vive émotion en entendant les coups frappés dans une grande table de salle à manger en réponse aux questions que posait une des dames présentes.

Lorsqu'on m'engagea à demander aussi quelque chose, il m'aurait été impossible de nommer les lettres ou de tenir le crayon moi-même. Je ne pus qu'appeler mentalement l'ami qui, de son vivant, m'avait promis que, si la vie subsistait au delà de la tombe, il viendrait me le dire.

Deux initiales: C. R. répondirent à ma pensée.

Je dis alors:

Donnez l'année de votre départ?

81 (exact).

Le nom du jour si possible?

NOEL (exact).

En voyant arriver un N., chacun crut à une erreur, aucun jour de la semaine ne commençant par un N. — je fis signe de laisser continuer.

Personne, parmi les assistants, n'avait connu mon ami, ni su son nom, et tous pensaient que j'appellerais ma petite P. que j'avais perdue peu de temps auparavant.

Je dis encore:

Je vous attends depuis quatre ans: pourquoi ne vous êtes-vous pas manifesté plus tôt?

(*Coups frappés*): JE NE L'AI JAMAIS PU.

Notre amie, Mlle B. P., et mon fils étant à la table, je dis: *Si vous êtes réellement notre ami Roudolphe, donnez un bon conseil à C., qui n'est pas très bien disposé aujourd'hui!*

(*Table-balancements:*)

R. L. — JE LUI VEUX UN TENDRE VISAGE. NUNQUAM LICET IMO QUUM OMNES LAUDANT VERBERARE.

Traduction: Il n'est jamais permis de frapper, surtout quand tout le monde loue.

Quand la phrase latine a commencé, nous avons cru à une erreur de notre part ou à une mystification. Mon fils, reconnaissant que c'était du latin — que seul de nous trois il savait — m'a fait signe de continuer à noter les lettres.

Il certifie qu'il ne pensait guère à du latin et qu'il aurait construit la phrase autrement.

Une cousine me dit, par le crayon de Marie seule, en me parlant d'une amie habitant Vienne, où je ne suis jamais allée:

(*Ecriture*) :

J'AIMERAIS QU'ELLE FASSE PLUS ATTENTION A LA PLACE OU ELLE TRAVAILLE, CAR IL Y A UN COURANT D'AIR.

Quelques jours plus tard, je reçois une lettre de cette dame qui, après m'avoir parlé de ses rhumatismes, me dit qu'elle a l'ennui de devoir déménager pour cause de courants d'air dans son appartement.

A ma séance précédente, avec mon médium Marie, on m'avait dit, pour me consoler de mon manque de mémoire, qu'un être humain peut être un **SERIN** tout en ayant lu beaucoup et en possédant une mémoire prodigieuse.... Je demande, comme preuve, le lendemain, avec Mademoiselle Z..., qu'on me répète ce mot, et on me refuse en me promettant cela pour une autre fois.

Quelques jours après, Mademoiselle Z... et moi nous ne pensions plus du tout à cet incident quand vient spontanément ceci par coups frappés:

R. L. — Cherchez dans NERIS en mettant la lettre S la première, la lettre N en dernier, et vous aurez le mot demandé comme preuve.

Mademoiselle Z... n'avait jamais eu connaissance du mot demandé, et je n'ai compris qu'en relisant, quand tout a été fini.

———

Serai-je encore longtemps sans pouvoir dormir sur mon oreille droite, qui va cependant mieux?

R. L. — Encore sept jours, sept heures et sept minutes.

Ce jargon théosophique vous amuse?

Je ne veux pas que vous me croyez bête: j'ai dit sept jours et sept heures, parce que, dans sept jours d'ici, il sera cinq heures, ce qui n'est pas l'heure à laquelle vous vous couchez, et qu'il faut ajouter a ces sept jours sept heures et sept minutes pour arriver a minuit.

Nous constatons qu'il est cinq heures moins sept minutes à la pendule placée derrière nous.

Je suis content de vous avoir un peu égayées par ma fantaisie kabbalistique.

———

Je dis un jour à mon ami R. L.:

Pouvez-vous me donner par M!!. R. — qui ne le connaît pas, ne sachant même pas qui vous étiez — le nom de l'actrice dont on m'a parlé à propos de vous?

R. L. — LES NOMS AUJOURD'HUI, C'EST DIFFICILE.

Essayez pourtant!

(Mlle R. tient le crayon *toute seule:*)
CLARA (**Exact**).

(Questions mentales adressées par Mme Tierce à notre ami Roudolphe, et auxquelles il est répondu par le crayon de Mlle Z.)

Est-ce que je réussirai par mes tarots kabbalistiques?

R. L. — LA RÉUSSITE, VOUS L'AUREZ, ET VOTRE AME **nous** EN SERA RECONNAISSANTE A JAMAIS.

Est-ce que je fais bien d'allumer une bougie, suivant la formule occultiste, quand je pose une question pour mes rêves de la nuit?

OUI, MAIS CONTINUEZ VOS RECHERCHES DU COTÉ DE **notre** DOCTRINE — C'EST LA QUE VOUS DÉCOUVRIREZ LA VÉRITÉ.

Le 20 septembre 1894, étant à Genève, je reçois de mon fils, qui passait quelques jours à Carcassonne pour assister à des expériences spirites, la dépêche suivante:

« 8 h. 55 m. du matin:

« Demandez médium résultat hier. Donnez réponse — télégraphierai après.

« C. W. »

Je vais aussitôt chez mon excellent médium, Mme G., où l'on répond à la question posée par le télégramme:

(Table-balancements:)

Il y a eu matérialisation.

Je suis tellement étonnée de cette assertion, le médium de Carcassonne n'étant pas, à ma connaissance, un médium à matérialisations, que j'objecte:

Voulez-vous, comme preuve que c'est bien vous qui êtes là, dire à Mme G... qui ne peut le savoir, elle qui ignore tout de vous, quel était votre second prénom?

C. R. — Oui.

Je retire mes mains de la table, je m'en éloigne et ne prends aucune part à l'expérience. Mme G. nomme les lettres à voix basse — je la vois verser une larme, et elle dit à mon ami:

« Je vous aime encore plus, car Nicolas était le nom de mon pauvre mari » (**Exact**).

J'envoie à mon fils le télégramme suivant:

« **8 heures soir,**

« Il y a eu matérialisation. » Et je reçois encore dans la soirée, à l'Hôtel National, la réponse de C. :

« Oui, certes, il y a eu tête matérialisée. »

———————

Dites à Mlle R., qui n'en sait absolument rien, où je suis allée aujourd'hui?

Trois tentatives annonçant un bon résultat, puis :

(*Ecriture*) :

A L'EXPOSITION.

C'était **vrai** et, ce 25 novembre, par un temps glacial, l'Exposition étant fermée et ne présentant plus que des décombres, Marie dit, avec une grande vraisemblance, qu'elle aurait **tout** supposé plutôt que cela.

———————

Après des essais de coups sans contact peu réussis, j'endors Mme Tierce qui, contre son habitude dans l'état de somnambulisme, ne sent rien et ne voit rien.

Contrariée par ce deuxième insuccès, je vais dans la chambre à côté, vers Mlle Z., qui cherche à voir quelque chose dans la boule de cristal — elle me fait signe de ne pas la troubler, et, quelques minutes après mon retour vers Mme Tierce, je la vois arriver, tenant un papier sur lequel sont inscrits, **dans un rond,** tous les chiffres **(97.118)** constituant le numéro du chronomètre que j'ai hérité de mon frère il y a douze ans, surmonté des chiffres conventionnels dans l'horlogerie : **K/18.**

Ce chronomètre n'avait jamais été ouvert depuis que je le possédais, et n'a pu, à cause de cela, l'être qu'avec beaucoup de peine pour la vérification. Personne ne connaissait donc ces chiffres, sauf peut-être les bijoutiers de Genève qui avaient vendu la montre il y a quarante-cinq ans !...

Si j'ai tout de suite pensé à rechercher dans ce chronomètre les cinq chiffres relevés, cela tient, d'abord, à ce que c'était mon frère qui s'occupait des expériences de la boule avec Mlle Z, et, ensuite, à ce que, quelques semaines auparavant, par un autre médium écrivant seul, il m'avait été donné cette phrase énigmatique : **Souvenez-vous qu'un rond est un cadran.**

Je considère cette preuve comme de tout premier ordre.

———

Le 4 novembre 1901, R. L., en nous disant adieu, ajoute :

C. EST CONTENT AUJOURD'HUI, — JE VOUS QUITTE SUR CE MOT D'ESPOIR.

Ce soir-là, C. (en Angleterre) était content en effet, car il avait constaté, à trois heures, avec le savant anglais M. S..., l'existence du phénomène qu'il cherchait.

———

Croyez-vous que l'écriture pourra se produire malgré la fenêtre ouverte?

R. L. — (*Ecriture:*)

Oui, puisque, sur la montagne, avec C., nous écrivions.

Je me souviens, à ce moment, qu'il y a quinze ans, nous faisions, mon fils et moi, des essais assez réussis d'écriture dans les bois de Saint-Cergues.

Le 23 mai 1910, le docteur Geley étant, avec Mlle Z... et moi, à notre séance habituelle, demande à Roudolphe s'il peut aller à Annecy voir ce que fait Mme G., et revenir nous le dire? Roudolphe répond que *oui*.

Le docteur Geley se met à causer avec le médium, qui ne dort, par conséquent pas, et, au bout de quelques minutes, Roudolphe, qui nous a avertis de son retour par trois coups frappés dans la planchette, dicte:

Réparation dans la chambre où je vois un fluide souffrant.

Le Dr G. croit qu'il s'agit de sa fillette qu'il sait être atteinte d'une angine, et le dit — Roudolphe ajoute immédiatement: Non, Dame.

Le 29 mai, le Dr G. étant de retour chez lui, à Annecy, m'écrit:

« La communication que nous avons eue par Mlle Z... était tout à fait exacte.

Mme G., cette même après-midi, était au lit (ce que j'ignorais) et souffrait d'une névralgie dentaire consécutive à un pansement mal fait pour une dent malade.

Deux de mes confrères, à ce moment même où j'étais près de vous, lui faisaient des piqûres de morphine, et le dentiste réparait ce qui avait été mal fait.

La communication était donc exacte, mais nous l'avions mal interprétée.

C'est très curieux, très intéressant. »

Cette expression « mal interprétée » vient de ce que nous avions cru à des réparations concernant la chambre elle-même.

Le 2 juin, je me plains à Roudolphe de ce qu'il n'a pas spécifié le genre de réparation dont il s'agissait, et il me répond :

J'AVAIS VOULU DIRE RÉPARATION EN GÉNÉRAL, ET J'AVAIS BIEN VU QU'ON RÉPARAIT LA DENT. SEULEMENT, JE N'AI PAS SPÉCIFIÉ PARCE QUE EN METTANT LE MOT « RÉPARATION », J'AVAIS OUVERT L'ESPRIT DE VOUS TOUS, ET TOUS AYANT PENSÉ A DES RÉPARATIONS D'OUVRIERS, LE MOT EXACT S'APPLIQUANT AU DENTISTE AURAIT ÉTÉ DÉTOURNÉ PAR L'INTENSITÉ DE VOS PENSÉES RÉUNIES.

J'AJOUTERAI QUE C'EST TRÈS SOUVENT AINSI QUE SE DÉTOURNENT LES PREUVES: NOUS COMMENÇONS UNE PHRASE ET LE COMMENCEMENT FAIT NAITRE, CHEZ LES ASSISTANTS, UNE INTERPRÉTATION TOUT AUTRE QUE LA VRAIE, DE SORTE QUE, LORSQUE NOUS VOULONS ACHEVER EN PRÉCISANT, NOUS RENCONTRONS DES FORMES-PENSÉES QUI SE METTENT EN TRAVERS, ET DÉNATURENT CE QUE NOUS VOULONS DIRE.

C'EST MÊME POUR CELA QUE, TRÈS SOUVENT, NOUS

DISONS UNE PARTIE DE LA CHOSE ET NOUS NE VOULONS PAS ENTRER DANS LES DÉTAILS. IL EST SI DIFFICILE DE DIRE EXACTEMENT CE QU'ON VEUT!

Le 14 novembre 1911, nous prenons, Mlle Z... et moi, comme nous le faisons depuis plusieurs mois, la boîte en bois blanc dans laquelle sont placés une feuille de papier et un petit morceau de mine de plomb — nous sortons la feuille, l'examinons des deux côtés, à la loupe, et, après avoir constaté qu'elle est absolument blanche, la replaçons dans la boîte, rabattons le couvercle à rebords, et posons immédiatement nos deux mains — Mlle Z... sa main droite et moi ma main gauche — sur le couvercle, en pleine lumière du jour.

Nous restons ainsi pendant trente-cinq minutes, puis, nous rouvrons la boîte et croyons constater, le jour ayant un peu baissé, qu'il ne s'est rien produit sur le papier, pas plus que les nombreuses fois précédentes.

Nous refermons la boîte et nous nous installons pour écrire, moi tenant le crayon et Mlle Z... ayant sa main gauche sur mon poignet. Je mets immédiatement, à notre stupéfaction: « Vous AVEZ MAL REGARDÉ LA FEUILLE — CHERCHEZ BIEN!»

Nous nous précipitons sur la boîte, l'ouvrons, et découvrons, faiblement mais lisiblement tracées, les deux initiales de mon ami Charles, pareilles à sa manière d'écrire de son vivant et non pas à la manière abrégée dont il signe ses communications.

Notre longue patience est ainsi récompensée!

VIE TERRESTRE

(PROGRÈS HUMAIN)

C. R. — Le progrès s'effectue comme une marée — chaque vague, après s'être avancée, recule, puis revient en avançant davantage.

Ainsi a été et est le progrès humain. La vague qui a amené le progrès des anciens a reculé, parce qu'il n'y a pas eu de conservateur pour la retenir. Cette vague a fait place à d'autres qui se sont reculées également, mais la marée a avancé quand même et, avec elle, le progrès s'est fait !

Si on ne connaissait pas ce principe, on se demanderait pourquoi chaque être n'accomplit pas son perfectionnement dans une seule existence qui serait aussi longue qu'il le faudrait, au lieu d'en avoir un grand nombre, destinées chacune à faire le mouvement évolutif et involutif.

S'il en est ainsi, c'est qu'un ouvrier ne peut pas, à lui seul, construire toutes les parties d'une maison.

L'homme, pendant l'incarnation, forme sa partie spirituelle supérieure, mais il a, comme antagoniste, sa partie spirituelle inférieure, c'est-à-dire ses défauts et ses mauvais penchants.

Lorsqu'il a fait, avec ses matériaux, tout le travail qu'il pouvait accomplir, il va se reposer, puis il reprend la vie, débarrassé de la partie la plus grossière de sa spiritualité.

Les qualités et acquis qu'il apporte en incarnation ne sont pas encore bien purs, mais, au lieu d'avoir des défauts, il ne revient qu'avec des imperfections qui forment, à leur tour, la partie inférieure de sa spiritualité.

Or, il en est pour tout ainsi: le même peuple ne peut arriver à l'apogée, parce que la terre est un monde imparfait qui n'engendre pas la perfection, et que les hommes arrivés à un certain degré n'y reviennent pas. Et c'est pourquoi l'excès de civilisation conduit à la décadence, comme l'excès de génie conduit à la folie.

Que penser du recul du temps présent?

C'est une époque de transition pour arriver à retourner vers l'idéal.

Comment cela?

Lorsqu'on aura examiné en tout sens le grand problème de la question sociale, on verra que la cage est grillée et ne s'ouvrira que devant l'espace peuplé d'idéal, qu'il faut que chacun se recule un peu pour faire une petite place à celui de ses frères qui n'en a pas, et qu'ainsi il n'y ait plus de parias ni de malheureux privés de s'asseoir à la table à côté de ceux qui ont à manger tous les jours — en un mot, il faudra qu'on lève de nouveau les yeux avec une aspiration vers l'au-delà, afin que le socialisme ne soit plus régi par un code, mais que ce soit une question individuelle.

Je vous annonce votre amie Émilie. Cette amie, que vous aimiez tant dans son incarnation, vous dira combien elle se félicite d'avoir eu ses idées humanitaires et progressistes.

Durant sa vie, sa pensée a toujours été fixée sur l'avenir de la race humaine, et elle a profondément creusé la question du bien social et de l'amélioration possible des différentes catégories d'êtres incarnés, cherchant dans son esprit les moyens de combler les intervalles énormes qui les séparent les unes des autres, et d'engager les grands à se passer d'un peu de superflu et à regarder en eux-mêmes pour améliorer le sort des petits, en reconnaissant qu'entre les deux castes, il n'y a pas l'écart immense qu'ils croyaient exister.

Elle continue dans nos sphères son œuvre pacifique et libérale, et son âme généreuse veut demeurer près de la terre jusqu'à ce qu'elle ait obtenu un résultat préliminaire permettant à d'autres humains de construire, sur les bases établies par elle, le monument qu'elle veut voir élever pour le bonheur et l'avenir moral des frères laissés en souffrance.

Tu es toujours socialiste?

E. M. — Plus que jamais. Et nous le sommes tous ici, les bons et les avancés.

Je suis comme toi, et tu peux penser combien je suis triste de voir ceux qui m'entourent si différents de nous!...

Ils voient les choses d'après l'esprit du siècle incarné, c'est-à-dire qu'ils considèrent le socialisme comme il est compris, mais pas comme il doit être.

Le socialisme est, sur la terre, un progrès à l'état de chrysalide, et, chez nous, c'est une merveille.

Malheureusement, les Esprits ne sont pas encore prêts pour en recevoir les enseignements. Il y a encore trop d'âmes basses et viles, trop de bestialité et d'amour du lucre, pour que tout soit pacifique et droit, mais il faut cultiver le terrain pour qu'il produise la première récolte, la mauvaise.

La moisson fauche les générations qui sont sorties de cet enfantement et les remplace par une seconde, puis une troisième, meilleure que les précédentes, et c'est ainsi que le progrès s'implantera et fera, dans la suite, naître le vrai socialisme spirite.

Les découvertes modernes, « en créant de la

science et du bien-être, permettent-elles à la conscience humaine, libérée de trop durs soucis matériels, d'évoluer, de devenir meilleure »?

C. R. — Oui. Rien n'empêche l'âme de s'élever comme d'être forcée à se soumettre aux vulgarités de l'existence, ou à trop se préoccuper du côté matériel de cette existence.

Le **progrès** est difficile à apprécier pour les êtres d'une époque, parce que la comparaison de ce qui existe dans leur âge mûr avec ce qu'ils ont connu aux temps de leurs jeunes enthousiasmes, est favorable au passé. Le progrès s'effectuant tout doucement, on ne s'en aperçoit guère et on est, en sa présence, comme vis-à-vis de la personne avec laquelle on vit journellement et dont on ne perçoit pas le changement physique et moral.

Si, cependant, vous vous avisiez aujourd'hui de feuilleter un livre d'histoire — non pas cette histoire apprise dans l'enfance et qui ressemble à un recueil de dates et de faits arides, mais une de ces chroniques du temps qui s'occupent beaucoup plus de l'état social et moral d'une époque que des guerres et de la chronologie — précisément parce qu'on suppose que ceci a été appris dans la jeunesse — si vous lisiez un de ces livres, vous seriez bien forcée d'avouer qu'on a beaucoup progressé, et vous seriez frappée de la cruauté et de la vilenie du peuple d'autrefois, aussi bien dans les grandes classes que chez l'artisan ou l'homme des champs.

La vérité, c'est que le progrès lui-même réclame

de nouvelles lois, de nouvelles méthodes, précisément parce que, ainsi que vous le disiez tout à l'heure, on est plus sensitif, plus impressionnable, plus intelligent.

Les enfants sont beaucoup plus avancés qu'anciennement, et cela s'explique puisque, plus le temps marche, plus l'humanité vieillit et plus l'enfant qui a vécu plus longtemps que les enfants des siècles reculés, a, tout jeune, des réflexions d'homme.

Vous m'objecterez peut-être que l'éternité veut l'âge pour tous, et qu'autrefois il y avait également des enfants ayant vécu très souvent, mais je vous ferai observer que, si l'éternité existe pour l'univers, elle n'existe pas pour la terre qui a eu un commencement d'humanité tout comme elle aura une fin, et que les hommes appelés jadis à vivre à sa surface ne pouvaient être ni aussi intelligents ni aussi instruits qu'aujourd'hui, que leur conception était forcément bornée puisque leurs existences ne leur avaient servi qu'à apprendre une très petite part de science, les secrets de la nature n'étant pas encore découverts.

La planète progresse elle-même, et elle servira, plus tard, d'asile à des êtres plus évolués.

M. Finot a-t-il raison de dire que la sainteté se démocratise, d'exceptionnelle devenant presque banale ?

R. L. — Oui. Il est certain que la sainteté est devenue beaucoup moins rare. On peut même dire que les saints pullulent ! Saints de laboratoires qui exposent leur vie, saints de fonctions publiques, saints de toutes natures — charitables êtres qui fondent des œuvres et y dépensent leur temps et leur fortune, apôtres bienfaisants comme M. F. Desmoulin, etc., etc...!

Enfin, la moyenne de l'humanité est bien meilleure ; mais la terre ne peut cependant être qu'une planète médiocre, une planète où des êtres mauvais viennent se perfectionner.

A tous ces saints instructeurs et bienfaiteurs, il faut des élèves — c'est pourquoi il y aura toujours sur terre des incarnations basses et malfaisantes. Que ces incarnations se multiplient, cela n'a rien d'étonnant puisque l'autre partie de l'humanité est meilleure, plus intelligente, et, par conséquent, plus capable de faire évoluer les arriérés.

En attendant, il est certain que la justice n'existe pas dans ce monde ?

Si, à longue échéance.
Je vais vous expliquer une chose :
La justice n'arrive pas dans ce monde pour les récompenses parce que, lorsqu'on en mérite une vraiment grande, il serait impossible de la donner telle qu'elle doit être dans un monde aussi imparfait que la terre — mais, pour les punitions, c'est plus facile de les trouver, au milieu de tant de méchancetés et d'imperfections humaines. C'est pourquoi, si l'on n'est pas souvent récompensé

sur terre, on est souvent puni, pendant longtemps mais pas jusqu'au bout, généralement.

L'être qui aura à souffrir de l'injustice est, le plus souvent, un humain bon et qui vient achever son perfectionnement. Comme tel, il aura une tendance à supporter beaucoup, à croire le bien et à ne pas se méfier. Cela précisément parce qu'il est incapable d'une action mauvaise et ne pense pas pouvoir en être victime. Un tel être est toujours la proie des méchants et des trompeurs.

Les mauvaises humeurs causées par toutes ces misères de la terre n'empêchent pas d'avancer?

C. R. — Non. Cela irrite sur le premier moment, mais c'est tout de même une preuve d'avancement de souffrir, parce que ceux dont l'âme n'est pas avancée n'auraient pas choisi ces épreuves.

Ce que vous dites là est tout le contraire de ce qu'enseigne la théosophie, qui prétend que toute vie est d'accord avec le « Karma » de celui qui la subit!

Oui, mais les théosophes ne sont pas les spirites — la doctrine est bien différente!

Les théosophes ne veulent admettre que l'expiation, tandis que les spirites savent qu'on ne vient pas sur terre comme un forçat pour purger une condamnation, mais comme un courageux pionnier à la recherche de la gloire pour lui-même et du bien pour ses frères.

Que ferait-il, cet être, à rester inactif dans le repos de l'erraticité? Il vaut mieux pour lui qu'il vienne combattre corps à corps avec les tentations et les difficultés de la vie terrestre, qui doivent lui servir à vaincre les penchants de la matière et à acquérir de nouvelles vertus morales.

On n'avance pas autant désincarné qu'incarné. Les bonnes résolutions qu'on a eues en mourant peuvent aider, mais cela ne suffit pas.

Vous me dites quelquefois qu'on progresse peu dans la vie — c'est une erreur: on progresse beaucoup. Quelquefois, en vieillissant, il semble qu'on aille à reculons, parce qu'on est aigri et découragé, mais le progrès est fait — on a fait germer de nouvelles vertus, et, à la réincarnation, on reprend ces germes et, avec eux, on achève le progrès ébauché.

Il est donc vrai que les actions d'une vie ont leur répercussion fatale dans la vie suivante?

C'est-à-dire que, comme on a toujours à progresser, on renaît pour se perfectionner dans les qualités non encore acquises.

Puis, les situations différentes que l'on occupe et les hasards sans nombre, font dévier les conséquences et présentent souvent des cas qui modifient votre manière de voir et vous donnent une plus entière et profonde justice, un jugement plus sain.

On ne conserve pas alors certaines idées erronées qui vous poursuivent quelquefois pendant toute une vie, que l'on prend à quinze ou vingt ans, grâce à un événement fortuit, et qui vous font juger les hommes et les choses de la même manière à soixante ans, sans qu'on ait pu les modifier en quoi que ce soit.

Il faut oublier avant de reconstruire une opinion plus saine qui sera, cette fois, dictée par des états différents et des hasards tout autres que ceux qui ont dicté le premier jugement.

Jusqu'à l'arrivée de ce progrès universel que vous nous faites toujours espérer, comment faut-il prendre toutes ces choses — politiques et autres — qui me vexent tant?

Il faut prendre ces choses philosophiquement, c'est-à-dire qu'il ne faut pas s'arrêter en chemin pour regarder les grimaces de l'humanité — il faut dédaigner les raisons des entraveurs et ne pas se laisser détourner, sans quoi on ne peut atteindre le but poursuivi.

Votre but, c'est le progrès et le bonheur de l'humanité.

Il ne faut pas se ranger à l'opinion de ceux qui ne veulent pas marcher vers le progrès — il faut des générations pour secouer la poussière des vieilles idées. Vous êtes parmi ceux qui regardent vers l'avenir et cherchent, pour leurs frères incarnés, le progrès et le bonheur, mais, à côté de vous, chemine un monde d'esprits rétrogrades, qui entravent les nouvelles idées et en empêchent la prompte éclosion.

Etre philosophe, n'est-ce pas être ami de la sagesse? Or, la sagesse, c'est de ne pas faire comme le meunier de La Fontaine et de marcher vers son but, sans s'inquiéter des remarques et du non-avancement des autres.

Trouvez-vous que je devrais souvent parler plus énergiquement?

R. L. — Oui, vous auriez raison. Avec les loups, il faut montrer les dents.

Charles dit cela aussi?

Oui.

C'est ainsi que vous prêchez la paix?

La paix ne consiste pas à laisser manger les brebis par les loups — elle entraîne avec elle une grande idée de justice qu'il faut savoir faire respecter.

Il est difficile de savoir jusqu'où aller!...

Non, c'est très facile au contraire. Il suffit de voir jusqu'à quel point on peut se défendre sans faire souffrir les autres — injustement, car si le méchant souffre, c'est qu'il est méchant.

Faut-il croire, comme le dit le Lotus à propos de Nietzsche — auquel il ne donne pourtant pas raison — que nul ne peut assigner des limites à la volonté humaine?

La volonté, en effet, peut faire des prodiges, mais l'évolution humaine n'est pas au point voulu pour que cette volonté puisse s'exercer dans sa plénitude, et il faudra encore beaucoup de générations avant d'en arriver là.

En attendant, il est très bon d'exercer sa volonté autant que possible, mais celui qui voudrait arriver maintenant à être un surhomme, n'arriverait qu'à la folie.

Quand une marmite de terre bout trop fort, elle se fend — il faut qu'elle soit en métal solide pour résister, et, la preuve, c'est qu'on n'a pas encore alimenté les usines avec des chaudières en terre. Eh bien, le cerveau humain, qui a déjà beaucoup progressé, n'est encore qu'une marmite de fonte — attendons qu'elle soit d'airain pour produire la volonté suprême qui portera l'homme au-dessus des moyens et des forces humaines.

Vous êtes cependant d'avis qu'on devrait développer beaucoup plus sa force de volonté?

C. R. — Oui. Il est bon de développer sa volonté, car on peut s'en servir très utilement, et je dirai même que le seul moyen d'arriver à quelque chose dans la vie, c'est de vouloir suffisamment la réussite pour que cette réussite s'impose. Mais il y a un monde entre la volonté créatrice des forces fluidiques, dont on a besoin et qu'on ne recherche pas assez, et la volonté employée à modifier le cours d'une des manifestations de la vie et de la nature, comme le font les fakirs hindous.

Il est très possible et utile de se créer, par sa volonté, des fluides qui vous entourent et vous plongent dans une ambiance destinée à vous faire vaincre une difficulté ou sortir d'une impasse, mais il est inutile d'arrêter le cœur, de tarir une source ou de faire éclater la foudre, comme de faire pousser une plante.

Ces Hindous, pour acquérir cette force de volonté, jeûnent, se privent, arrivant ainsi à séparer l'esprit de la matière. Plus ces deux facteurs sont unis — collés ensemble, si je puis m'exprimer ainsi — moins il est aisé de produire le commandement de l'un s'érigeant en maître sur l'autre. Plus l'esprit se dégage de la matière et plus il devient puissant — mais, comme il se trouve dans une condition anormale à la vie terrestre, il est rare qu'il reste bien équilibré, et cette scission, cet éloignement de l'esprit laissant le corps trop séparé de sa prépondérance et de sa cohabitation, produit le déséquilibre moral et la folie.

En un mot, si le grand maître de l'univers a voulu que notre esprit habite un corps charnel pendant les incarnations, s'il a voulu qu'esprit et matière ne fassent qu'un et que chacun à son tour soit obligé de faire des concessions à son compagnon de route, c'est que cette grande intelligence savait que les conditions d'habitabilité de la terre forceraient l'esprit à se plier à cette collaboration, et à ces concessions réciproques.

Il n'a vu aucun mal, au contraire, à ce que l'esprit, devant continuer son évolution, fasse beaucoup la loi à son compagnon, mais il réprouve ceux qui défont son ouvrage ou en altèrent la merveilleuse homogénéité, en cherchant à faire remonter dans l'au-delà cet esprit, cette âme qui est venue sur terre accomplir un travail dont elle ne peut se tirer avec honneur et profit que si elle se soumet aux exigences du corps qu'elle anime et aux habitudes terrestres.

Agir autrement, c'est méconnaître sa voie, c'est errer complètement, et ne pas remplir la mission pour laquelle on est venu sur terre, car, si le corps est débile, l'esprit déséquilibré, on ne peut pas coordonner ses actes — la responsabilité même est en échec, et l'individu névrosé qui devient la proie du magnétiseur ne peut même plus invoquer le sentiment du libre-arbitre, puisque n'importe quelle volonté peut souffler sur ce libre-arbitre et l'effeuiller aux quatre vents!

Ces pratiques affaiblissent le corps et déséquilibrent l'esprit, et je prétends que tous ceux qui s'imaginent arriver ainsi à cette puissance merveilleuse de la volonté devant les rendre des êtres presque divins, sont coupables, car, pour un être dont la raison résiste, il y en a des centaines qui sombrent, et le but qu'ils atteignent est absolument contraire à celui qu'ils désiraient.

Nés et créés pour la terre, pour une période plus ou moins longue, il faut accomplir cette période normalement et humblement, sachant qu'on n'est ni des dieux ni des messies, et qu'on doit vivre en incarnation de la vie de tous les incarnés, sans chercher à s'élever au-dessus de ses frères, à les terrasser, à les écraser de son mépris, en leur disant: « *Je sais* et je suis un envoyé céleste! »

Le vrai progrès, celui qui est toujours à notre portée, que nous soyons incarnés ou désincarnés, c'est de savoir rester parallèlement aux autres, sans chercher à les dominer de sa raison ou de son intelligence, admettre les idées de ceux que l'on frôle, admettre le progrès d'une âme marchant à côté de la sienne, sans croire un instant que ce progrès est un blâme adressé à soi-même, ou une opposition destinée à faire pâlir l'intelligence que l'on possède et l'acquis que l'on a accumulé.

C'est en cela que les incarnés doivent faire le plus sensible progrès, car, chez nous, on reprend son véritable âge, on se débarrasse des dominations entravantes, et nul ne peut empêcher son voisin d'évoluer à sa guise, puisqu'on a secoué le lourd et encombrant manteau des convenances, de la hiérarchie terrestre et des préjugés humains.

Le penseur, qui est venu chercher souvent l'expérience en incarnation sur la terre ne juge pas la généralité sur quelques cas isolés. Celui qui a vécu un grand nombre d'existences sait au juste ce que nous appelons la morale et quelle part on devrait lui donner ici-bas. Il s'éloigne peu à peu des préjugés qui, pour nous, n'existent plus, et que nous ne regardons, à votre point de vue, que comme une sauvegarde vis-à-vis de la société à laquelle vous appartenez.

L'être humain instruit et expérimenté, qui aura vécu au milieu de toutes les catégories d'incarnés, saura qu'il y a moins de méchanceté que de souffrance révoltée dans l'âme des terriens, et il comprendra quel admirable parti il peut tirer de sa propre expérience, en semant autour de lui l'espérance et la consolation, et en prodiguant la pitié et la charité qui allègent le cœur de l'amertume distillée au fond de l'être souffrant.

Enfin, il ne sera plus le justicier rigoureux, ne sachant que blâmer et punir — il saura être l'apôtre bienfaisant qui aime à plaindre et à guérir.

C'est ainsi que, tout doucement, les générations s'ajouteront aux générations pour aider les âmes à gravir les échelons qui conduisent au bonheur que nous sommes tous appelés à goûter.

E. M. — L'arbre est planté par le père, et les fruits récoltés par les fils — la vie, le progrès, ne sont pas contenus dans l'espace de quelques années, mais tout marche, et ce que nous n'aurons pas constaté de nos yeux matériels, ce que n'auront pas touché nos mains de chair, nous en aurons connaissance plus tard.

Nous continuerons à assister au progrès, non plus comme le combattant acharné, tantôt joyeux, tantôt désespéré, mais comme l'Esprit paisible qui a vu s'élargir le champ visuel de son âme, et qui, tout en se souvenant du passé, voit le présent et pressent l'avenir, le tout fondu dans le merveilleux ensemble qui est la signature de l'Etre suprême.

VIE TERRESTRE

(DIVERS)

Le mot « équilibre » appliqué à l'homéopathie, sous-entend-il qu'il y a deux corps?

R. L. — Absolument. La maladie est une adaptation défectueuse des deux corps qui doivent vivre ensemble.

Les médecins homéopathes le savent-ils?

Pas tous — seulement ceux qui sont spirites, et il y en a davantage dans l'homéopathie que dans la médecine officielle.

Pour être efficace, un médicament doit agir dans le même sens que la nature ou le périsprit, partie intelligente de l'être qui cherche à rétablir l'équilibre.

La maladie existe toujours avant qu'on puisse la constater, et, lorsqu'elle se fait sentir, c'est que le corps périsprital cherche à rétablir l'équilibre.

et que le mouvement qu'il imprime fait souffrir le corps matériel qui évoluait dans un autre sens.

Quant à la devise *similia similibus*, supposez que votre corps matériel soit la manche de votre corsage qui serait retournée... qu'est-ce que fait votre intelligence pour pouvoir mettre le corsage? elle retourne la manche à l'endroit. Mais, si vous retourniez votre manche quand elle n'est pas à l'envers, elle serait également mal mise. Voilà comment le même geste, le même acte, remet les choses en place si elles n'y sont pas, et les met sens dessus dessous si elles étaient en ordre.

Il en est de même pour les médicaments — le médicament qui donnera une maladie au corps sain enlèvera la maladie au corps malade.

La question du végétarisme est-elle vraiment une question qui relève de la morale, comme le croient les théosophes?

Oh, je le connais, leur côté moral! Ils prétendent qu'en s'assimilant la chair des animaux, on s'assimile leurs vices! eh bien, moi, je sais bien que l'être qui mange un poulet n'a rien de mauvais à absorber de cette innocente bête qui est bien plus douce que lui.

Quant à ne pas tuer, c'est encore un illogisme, car je ne vois pas alors pourquoi on se permettrait de débarrasser sa maison des araignées qui viennent s'y établir, pourquoi on prendrait les mouches dans une carafe, et pourquoi on tuerait les moustiques!

Les gens qui poussent l'ergotage jusque dans ses extrêmes limites arrivent toujours à une exagération ridicule — c'est ce qui a créé les ordres de moines malpropres et canonisé les saints couverts de vermine.

Est-il vrai que la viande contient des poisons très dangereux et faisant mourir bien des gens?

Ce n'est pas vrai—ils mourraient d'autre chose.
Toutes les fois qu'on fait allusion aux causes de la mort, on dit des bêtises, car, la mort étant obligatoire, il ne sert à rien de tant chercher le moyen de s'y soustraire, et, le jour ou le végétarien, très content de son régime et sûr de vivre jusqu'à cent ans, sera arrivé à l'heure marquée pour sa mort, ses légumes ne l'empêcheront pas de la rencontrer — il sortira de chez lui et recevra une cheminée sur la tête ou passera sous une automobile.

Peut-on affirmer que des bêtes, comme des chiens ou des chats, ont attendu l'arrivée de leurs maîtres pour expirer, comme si elles avaient eu le pouvoir, par l'énergie de leur désir, de prolonger leur vie jusqu'à ce moment désiré par elles?

C. R. — Oui, c'est vrai.
Le désir intense de prolonger sa vie ou sa santé est dans la nature, et c'est ce qui intervient, la plupart du temps, chez les gens très occupés qui tombent malades pendant leur période de repos, comme si, par leur volonté, ils avaient pu reculer

l'époque de la maladie. On n'évite pas la maladie, mais on peut la reculer un peu — c'est une sorte de contraction.

Un individu qui se cramponne de toutes ses forces à une branche d'arbre pour ne pas tomber, doit tomber quand même, mais son effort le maintient plus longtemps que celui qui, devinant la fatalité, lui cède de suite en lâchant prise — et parfois le passant charitable arrive assez à temps pour lui porter secours.

De même, l'être courageux qui repousse la maladie peut atteindre une période où de meilleures conditions hygiéniques lui seront offertes pour empêcher cette maladie d'éclater.

Le fait de croire qu'on se porte bien a une très grande action.

J'ai entendu dire aujourd'hui que, si la mémoire se perd dans la vieillesse, c'est qu'il n'y a plus de place dans le cerveau pour de nouvelles choses à enregistrer?...

R. L. — C'est une bêtise — il n'y a pas besoin de beaucoup de place pour des pensées qui sont, en somme, dans le périsprit et non dans le cerveau!

S'il n'y avait plus de place dans le périsprit, l'Esprit qui reviendrait en incarnation n'emmagasinerait plus de connaissances puisqu'il rapporterait ici-bas un périsprit sur lequel serait accrochée cette pancarte: Complet.

Non — la cause du manque de mémoire n'est pas là, mais bien dans l'usure du cerveau qui a pour fonction de réaliser matériellement les pensées du périsprit.

Ce cerveau réalise encore les pensées qui datent de la jeunesse, parce qu'elles ont fait si souvent le voyage entre le périsprit et le cerveau que ce va-et-vient s'accomplit de lui-même — un seul petit signe du cerveau suffit pour les faire accourir — mais le cerveau qui n'est plus alerte et a perdu sa souplesse et sa force, ne peut pas établir ce mouvement d'aller et retour des pensées nouvelles — il faut de la force pour les faire revenir, et cette force lui fait défaut.

J'ai peine à m'imaginer qu'on retrouve dans l'au-delà la mémoire qu'on n'a déjà plus sur terre?

C. R. — Le manque de mémoire sur terre vient d'une anémie ou d'une usure de l'organe matériel appelé cerveau.

Je crois qu'autrefois Roudolphe vous a fait une comparaison que je vous rappellerai:

Il y a certaines boîtes tirelires qui s'ouvrent par un petit ressort. Si le ressort se rouille ou s'use, on peut mettre encore beaucoup de sous dans la tirelire, mais on a beau presser sur le ressort, la boîte ne s'ouvre plus; et c'est à grand'peine qu'à force de secouer, on fera tomber de temps en temps une petite pièce — mais, le jour où on brise la tirelire, le trésor est intégral (1).

Qu'entend-on par la jeunesse de la terre qui aidait aux phénomènes hindous?

R. L. — Autrefois la terre, ayant été moins travaillée, possédait une plus grande quantité de fluides.

La terre est comme tout ce qui existe: elle naît et elle meurt — elle a donc une vie bien déterminée, et il est certain que toutes les terres ont eu le même commencement et sont destinées à la même fin.

Sorties, dans une poussée formidable, des profondeurs de la mer, elles émergent remplies de la vigueur puisée aux feux souterrains, dans le cœur de la planète qui est la fécondation par excellence. Un jour, elles seront englouties par ce même océan pour aller se réchauffer au sein de leur système artériel.

Donc, au début, une terre est jeune, ardente, féconde, remplie de sève — puis, peu à peu, elle s'anémie jusqu'au jour où un cataclysme géologique fait surgir une autre terre et engloutit les trop vieilles contrées.

---

(1) Nous rappelons que toutes les questions ont été spontanées, dictées presque toujours par la réponse précédente et faites par une personne autre que le médium, lequel écrivait très rapidement et souvent en parlant d'autre chose.

Rassurez-vous, chère amie, vous ne finirez pas dans une pareille tourmente, car tout est lent à la surface du globe. Tout est long à pousser et à mourir, surtout si vous comparez la vie du sol à votre vie d'incarnés.

Pourquoi les animaux sont-ils, mieux que les hommes, avertis des catastrophes comme les tremblements de terre ou autres?

C'est leur sens d'orientation qui agit—ils sont, plus que les hommes, liés aux éléments.

Pourquoi ont-ils ce sens que n'ont pas les hommes?

Il le faut bien puisqu'ils n'ont pas la science et la réflexion—on a toujours ce qui est nécessaire.

Les animaux entendent-ils mieux que nous?

Cela dépend — quelques-uns entendent mieux, d'autres voient mieux — celà vient de ce que ces facultés sont enrichies au détriment de la pensée. Puisqu'ils n'ont pas les dons de l'humanité, il faut bien qu'ils aient des compensations et qu'ils puissent se protéger et se défendre.

C'est le sens de l'orientation qui a fait se sauver, dans les rues de Messine, les chats, avant le tremblement de terre?

Oui. L'orientation n'est autre qu'un lien intime existant entre le sol, les éléments, l'atmosphère d'un côté et l'animal de l'autre, qui fait que le chien égaré n'a qu'à humer l'air pour respirer à distance les attractions électriques du sol qu'il recherche et dont il est éloigné. Il n'est donc pas étonnant que, dans les cas de catastrophes, ce lien lui fasse sentir l'approche des convulsions de ce sol et de ces mêmes éléments avec lesquels il a tant d'affinités.

Avant le tremblement de terre, il y a des effluves électriques qui se dégagent de l'intérieur de la terre, et le chat, qui est un être très électrique, les ressent particulièrement.

Pourquoi certaines sortes de pâquerettes, même à l'ombre (et c'est là l'important) se ferment-elles dès cinq heures de l'après-midi, ou quelle est la raison qui fait aller se coucher les oiseaux le soir à la même heure qui n'est ni plus chaude ni plus froide que certaines heures matinales quand ils se réveillent?

C. R. — Cela vient de ce que le magnétisme terrestre est le régulateur de tous les êtres animés, et cette horloge existe pour forcer la nature à chercher le repos. Dès que le soleil raréfie sa production de fluides vitaux, la nature interrompt ou, du moins, diminue son œuvre.

Cette conduite des fleurs et des oiseaux n'est donc pas uniquement un effet de la température?

Non, mais surtout de la radio-activité solaire qui diminue dès que l'astre baisse vers l'horizon.

La marche du soleil, ou, plutôt, sa position vis-à-vis de la rotation terrestre, correspond exactement au phénomène de la vie — c'est en somme, la vie en réduction.

Ainsi, comme l'être grandit et progresse jusqu'à l'âge mûr pour décliner ensuite, les fleurs et les oiseaux sont, entre le lever du soleil et sa situation au zénith, dans la même progression de force vitale et de croissance que l'être incarné.

Puis, dès que le soleil s'éloigne, c'est l'automne du jour en même temps que l'automne de la vie pour quelques fleurs, et la nuit n'est qu'une sorte de mort dont le réveil s'opère avec le retour des rayons solaires.

Les fleurs se rouvrent après l'automne du jour, mais les humains pas après l'automne de la vie!..

Si — ils se rouvrent dans l'au-delà pour y vivre une existence beaucoup plus douce et exempte des vilenies de toutes sortes qu'on cotoie ici-bas.

Le malheur d'un être dans ce monde prouve-t-il quelque chose quant à son avancement?...

Non, rien du tout.

Il y a des gens heureux qui n'ont pas l'air d'avoir fait grand bien dans une existence précédente!...

Personne n'est forcé de faire son chemin rapidement — celui qui désire se reposer avant d'escalader le roc escarpé qui le sépare du but, n'échappe pas à cette ascension, mais ne fait que la retarder.

Celui qui recule devant une réincarnation fructueuse, aura à la faire plus tard, et demander, pour le présent, à retarder l'épreuve, c'est le cas de ceux, très imparfaits, qui ont des existences heureuses.

Ne les enviez pas — ils sont des lâches qui n'échapperont pas à leur sort et seront plus à plaindre que ceux qui acceptent avec courage la lutte de la vie, et qui ont des compensations spirituelles et des secours qui feront défaut aux autres.

Que faut-il dire de votre part à nos pauvres amis D... qui sont si malheureux?

Ils sont fort à plaindre, mais ils ont une croyance qui les soutient et leur montre le but au bout de la route tortueuse qui y conduit.

S'ils se croient abandonnés, ils ont tort, car ils ne le sont pas — seulement, au temps de l'épreuve, il semble toujours qu'on vous abandonne parce que ceux que vous aimez et qui assistent de l'autre côté à vos douleurs, n'osent se montrer, sachant que rien ne dépend d'eux et que l'épreuve choisie d'avance doit suivre son cours.

Mais il y aura pour vos amis comme pour tous ceux qui souffrent, des compensations spirituelles, et leur résignation leur sera largement comptée. Il faut supporter l'existence puisque c'est le chemin qui conduit au bonheur.

L'être évolué souffre plus, parce qu'il souffre physiquement par son corps et moralement par son âme, tandis que celui qui est peu évolué, ayant une sensibilité morale beaucoup moindre, ne souffre que dans sa matière et non dans son âme.

Est-il vrai que « la souffrance crée le progrès en faisant naître dans l'homme le désir de la détruire »?

Oui, très vrai.

La contemplation devrait-elle vraiment occuper une partie de chacune de nos journées?

Je suis d'un avis absolument contraire.
Si nous avions dû rester dans la contemplation, il n'aurait pas été nécessaire de nous incarner, et nous nous serions beaucoup mieux acquittés de cette contemplation dans l'au-delà que sur terre, où nous venons accomplir une tâche et dresser ou éduquer nos âmes.

Il n'est donc pas vrai que les « savants » devront se mettre à développer leurs sens astraux?

Non. Nous ne sommes pas plongés sur terre en incarnation pour déserter sans cesse — ce serait un manque d'obéissance à la puissance suprême qui, nous privant pour quelque temps de la vie de l'au-delà, veut que nous allions conquérir des galons supplémentaires sur le champ de bataille de la vie terrestre.

De plus, l'inaction ou l'emploi futile du temps n'est fait que pour les âmes non évoluées — les autres auraient des crises terribles de nostalgie de l'au-delà si elles n'avaient pas des travaux multiples et absorbants qui les empêchent de voir couler le fleuve de la vie.

Alors, la bousculade perpétuelle vaut mieux?

Oui.

En somme, il vaut mieux ne pas être fataliste?

Il faut, comme en tout, un juste milieu. Il faut être fataliste pour tout ce qui ne dépend pas de soi, pour tout ce qu'on subit sans pouvoir l'empêcher, et cesser de l'être dès qu'il y a une toute petite lueur d'espoir pouvant changer le cours des événements — dès qu'on pourrait améliorer son état, ou que la chose à faire dépend de soi ou de ceux qui vous entourent.

Il faut alors se démener?

Oui, ferme.

Faut-il, d'après ce que vous dites là, faire cette démarche que j'aurais pourtant voulu éviter?

Non, pas tout de suite. Attendez pour agir plus nettement.

Ne vous jetez pas sur les décisions — il ne faut jamais se presser pour faire un pas, et attendre toujours pour le cas où les événements feraient la moitié du chemin.

Le sage est celui qui s'occupe, travaille, et ne s'inquiète pas à l'avance de ce qui ne le regarde pas et qu'en tous cas il ne pourrait pas empêcher.

Celui-ci s'appellera le philosophe, ami de la sagesse, et voilà pourquoi c'est une preuve de maladie, de déséquilibre, de toujours chercher dans l'avenir pour y prévoir la souffrance. Quand elle passe, elle sait dire qu'elle est là — on n'a pas besoin de l'attendre sur le seuil, ni de l'appeler.

Etes-vous toujours d'une humeur aussi égale, ami Roudolphe?

R. L. — Oh, je suis trop sérieux pour être morose!

En étant résignés, les Orientaux ne sont pourtant pas plus avancés que nous au point de vue philosophique?

Non — les Orientaux ne sont pas plus avancés. Ils le sont même beaucoup moins, parce que leur fatalisme est une sorte de paresse grâce à laquelle ils suppriment l'effort, et par conséquent, le libre-arbitre.

Il faut bien se garder de devenir trop oriental, car l'homme est sur terre pour agir lui-même et pour faire un effort, au lieu de se résigner à être le jouet, l'instrument du hasard et des forces voisines. Ce n'est que par la lutte qu'on enrichit son âme, qu'on la façonne et qu'on réalise ainsi un progrès réel.

La vraie perfection consisterait évidemment dans un sage assemblage de ces deux formes d'activité et de passivité: être un homme fort moralement, lutter, agir, et ne pas se rebiffer contre la mauvaise chance qui s'impose, c'est-à-dire faire l'effort constant, et accepter avec sérénité le résultat obtenu quel qu'il soit — mais il faut être une âme exceptionnellement trempée pour posséder cet assemblage, et je ne vous en demande pas l'absolue réalisation.

Je voudrais seulement que vous ne vous laissiez pas abattre quoi qu'il arrive. Quand on a fait tout ce qu'on a pu, il est impossible que l'événement, quel qu'il soit, ne vous laisse pas une quiétude parfaite, et un secret espoir parce qu'on peut toujours se dire: « Je ne pouvais pas faire plus, et, si je n'ai pas réussi, qui sait si ce n'est pas pour un meilleur résultat dont l'avènement ne m'est pas encore dévoilé?» On se reprend à espérer, et cela donne de nouvelles forces pour une autre période de lutte et de courage au bout de laquelle on aura peut-être pleine satisfaction.

Ainsi, les certitudes du spiritisme ne doivent pas rendre indifférent à tout?

Jamais, chère amie.
Un bon, un vrai spirite ne peut pas être indif-

férent aux choses de la terre, car cette terre fait partie de la vie spirituelle — il y est attaché pour un temps, il y vient faire un stage utile à son avancement.

Or, s'il méprise la terre, s'il s'en désintéresse, c'est comme s'il n'y était pas venu — il prend une ressemblance absolue avec le dévot catholique qui ne vit qu'en oraisons, messes et confessions, se disant: « Je néglige cette terre perverse et me prépare un trône au ciel! » En attendant ce trône, il se détache de ses semblables, se confine à l'église, ne fait plus travailler autour de lui sous prétexte qu'il doit se priver, et, si l'humanité entière se rangeait sous sa bannière, la vie serait complètement arrêtée.

Puis, si je parle de résignation, c'est de la résignation pour soi-même — l'être réellement bon ne pétrifie pas son cœur, et, s'il sait souffrir sans se plaindre, il souffre grandement des malheurs de ceux qui lui sont chers.

Quant à ne pas pleurer les disparus sous prétexte qu'ils sont plus heureux là où ils sont, celà prouve un cœur sec, car la séparation d'avec les aimés, quelle qu'elle soit, est toujours bien pénible, et, alors même que vous sauriez votre fils heureux, sans souci, mais en pays éloigné, vous souffririez pourtant de ne plus le voir à vos côtés.

La vie est un perpétuel orage. On est éclairé de temps en temps par un arc-en-ciel, mais on ne retrouve l'azur vraiment inaltérable qu'en passant la frontière de l'espérance éternelle et du bonheur infini. Considérez cette vie comme un voyage pénible, et songez à ceux qui vous attendent à l'arrivée — cette pensée réconfortante adoucira les tourments que vous subissez sans cesse.

L'existence se passe à rebâtir ce qui a été démoli. C'est chez nous seulement que les constructions sont inébranlables.

Il faut avoir de la confiance, et vous dire que tout est supportable quand on sait ce que vous savez.

Mme X..., a-t-elle raison de dire qu'il vaut mieux apprendre aux enfants le catéchisme que rien du tout, en attendant la diffusion du spiritisme?

Je ne suis pas de son avis.

Je crois fermement qu'on peut élever une génération d'hommes honorables et travailleurs, de femmes sages et dévouées, sans les bourrer d'absurdités qui ont l'immense tort de faire naître très vite, dans leur âme, un doute qui, bientôt, deviendra la certitude qu'on leur a menti, et que ceux qui leur ont menti sont précisément les êtres envers lesquels ils devraient avoir la plus grande vénération et le respect le plus sincère.

En second lieu, je ne vois pas du tout la nécessité de chercher à tout obtenir par la crainte, l'intimidation ou l'appât d'une récompense. Je trouve cela indigne d'un être en progrès.

Si j'avais un plan d'éducation philosophique à tracer, je voudrais enseigner à l'enfant trois choses principales: la bonté, acquise en lui faisant constamment considérer les misères de l'humanité et en l'habituant, dès le jeune âge, à cette pensée qu'il faut se tendre la main réciproquement; le travail, en lui faisant toucher du doigt la nécessité de se pourvoir sans l'aide de personne, d'une manière fière et digne, recevant parce qu'on a donné; le respect de soi-même, pour lui apprendre à se considérer comme un être qui ne doit pas déchoir et doit se conduire d'une manière absolument honnête et loyale.

De ces trois branches primitives, partiraient tous les rameaux de la perfection: la bonté engendrerait la pitié, la charité, le dévouement, souvent le renoncement à soi-même pour le bien des autres; le travail engendrerait l'activité, le bon exemple, et empêcherait le vice de se creuser une place dans l'âme humaine — car ceux qui ne restent pas oisifs, ceux qui sont dominés par l'activité, n'ont aucun loisir à consacrer à la débauche, et, le soir les trouvant fatigués de leur tâche, ils ne songent pas aux plaisirs avilissants.

Le travail aiderait l'homme charitable à procurer aux autres le bien-être, ou tout au moins le nécessaire, en leur fournissant l'ouvrage, en leur donnant l'exemple de l'activité — puis, l'amour-propre bien compris entraînerait à sa suite l'honnêteté, et la bravoure quand ce serait nécessaire.

Ces trois qualités, se complétant, devraient fabriquer des âmes très fortes — or, il me semble qu'il serait très facile de les inculquer à la jeunesse.

J'ai déjà dit comment on s'y prendrait pour faire naître le sentiment de la bonté — la considération des misères humaines.

Quant au travail, en cherchant ce qui plaît à l'enfant, en devinant quelle branche doit l'intéresser, convenir à sa nature, on éviterait bien des mauvaises classes ou des années de paresse. Puis, on s'aiderait de l'amour-propre pour lui faire franchir les étapes difficiles ou arides de l'instruction, et je crois qu'ainsi menée l'âme enfantine n'aurait aucun besoin du grand Dieu à barbe blanche, armé de sa fourche destinée à précipiter les neuf dixièmes du genre humain dans les flammes de l'Enfer.

On n'aurait plus besoin de pousser l'enfant au bien en lui faisant voir la nécessité de s'humilier devant le prêtre dans la confession: on lui donnerait de sa mentalité une tout autre idée — idée importante et par laquelle il considérerait qu'en aucune façon on ne doit apprendre à ne plus rougir de ses fautes.

Or, qu'est-ce que la confession si ce n'est l'entraînement à ne plus avoir d'amour-propre? L'enfant, d'abord, souffre de cette humiliation; puis, peu à peu, ce sentiment s'émousse, et il finit par en rire avec ses camarades, et se glorifie de ses turpitudes, en trouvant très commode de les effacer par le simple aveu qui lui est devenu si familier que c'est presque une distraction pour lui.

Ces pratiques, croyez-moi, sont bien inutiles au progrès de l'humanité, et tous les hommes arrivés à l'âge de raison se demandent ce qu'est venu faire dans leur vie ce catéchisme qu'ils ont ânonné sans même chercher à le comprendre, et qui, le jour où ils ont réfléchi, leur est apparu comme un tissu d'absurdités et de mensonges bon à leur faire mépriser toute religion, même celle qui réside dans ce mot, le seul raisonnable, le seul indispensable à l'âme: Dieu et la croyance à l'immortalité.

Il y a des gens qui disent qu'il faudra bien des églises spirites?

Et pourquoi faire? Est-ce que les idées de bien, de charité, de bonté, de pardon et de justice, ont besoin de messes pour se propager? Chacun les enseignera aux siens.

La religion, ou, plutôt, les religions sont les tuteurs que l'on met aux jeunes âmes — ce sont les images que l'on présente aux incarnés dans la jeunesse de leur évolution pour que, dans leur souvenir, subsiste l'acte comme aussi l'engagement pris de suivre la voie du progrès dont ils ont accepté de subir la loi. Mais, comme l'enfant qui s'élance des bras de ses parents lorsque ses jambes peuvent le porter, l'âme incarnée s'échappera des liens dogmatiques dès qu'elle se sentira assez forte et assez vaillante pour voler seule et sans appui vers les éternels séjours.

A quel âge peut-on commencer à instruire un enfant des véritables conditions de la vie humaine?

Servandoni, *moine* — Aussitôt qu'il peut distinguer le bien du mal.

L'enfant, qui rapporte un vague souvenir de sa vie spirituelle, est plus disposé que l'homme, qui l'a complètement oubliée, à accepter ses vérités.

Il faut les lui présenter sous un aspect simple, naturel.

Qu'il s'habitue de bonne heure à se savoir entouré d'Esprits qui l'aiment et le protègent. Qu'il ait de l'affection pour ces Esprits. Il faut bien se garder de lui en donner la moindre frayeur — il sera donc nécessaire de lui expliquer que ces Esprits ont vécu sur la terre comme lui, que lui-même a été Esprit déjà et retournera à cet état après la mort.

Qu'il ne se fasse pas de la mort une idée terrible, et, surtout, qu'on ne lui apprenne pas à pleurer, comme perdus, ceux qui sont toujours vivants. La mort est une naissance pour une vie plus heureuse qui sera ce que nous la ferons par nos efforts vers le bien.

Tout effort est un acte de vertu, même s'il se rapporte à une très petite chose. — Il faut donc, que l'enfant, dès son plus jeune âge, s'efforce de se corriger de ses défauts et d'acquérir des habitudes vertueuses. Il lui en coûtera moins, plus tard, pour bien faire. Il n'est pas besoin, pour cela, de lui mettre à l'âme un écriteau religieux.

Une de mes amies a dit, à propos de vos enseignements du tome I sur le peu d'importance qu'a, dans l'au-delà, la connaissance de l'histoire de notre planète, qu'elle n'est point toujours de votre avis, et que je suis dogmatique en acceptant tout de vous!...

C. R. — Chère amie, je pense que, comme nous voyons les choses de beaucoup plus haut que vous, nous les jugeons plus sainement et sans esprit de parti, parce que toutes les causes secondaires disparaissent à nos yeux, et que tout ce qui peut troubler votre jugement n'altère pas le nôtre.

Surtout pour les questions générales, nous savons mieux que vous ce qu'il faut en penser.

L'histoire n'a d'intérêt que dans ses généralités, pour juger de la marche des humains et du progrès. La seule chose qu'il est assez nécessaire de savoir, c'est l'histoire de la civilisation, afin de se bien rendre compte que le progrès n'a pas été à reculons, que toutes les vertus des anciens n'étaient que des atténuations de l'esprit cruel, autocrate et despotique qui a régné autrefois, et que ceux qui voudraient vous faire croire à une époque très parfaite qui aurait été suivie d'une décadence s'affirmant chaque jour, ceux-là sont dans l'erreur, car, quand il y a eu apogée dans un ordre d'idées ou dans une conception quelconque, il y a eu, à côté, barbarie et brutalité, en sorte que tout s'étant nivelé, la marche du progrès se fait quand même en détruisant les exagérations dans le beau comme dans l'horrible, et en créant un niveau calme de sentiments raisonnés et logiques qui doit forcément amener une amélioration très sensible dans l'humanité en général.

La connaissance de l'histoire et de la littérature n'est-elle donc utile que pour le cas de réincarnation, et est-il vrai que le périsprit se trouve enrichi de toutes sortes de souvenirs dont bénéficie le cerveau matériel?

R. L. — Ceci est l'exacte vérité.

Ces choses seraient, en effet, des sornettes si l'âme ne devait avoir qu'une seule et unique incarnation, car ce qui s'apprend en histoire terrestre n'a aucune répercussion chez nous par une excellente raison, c'est que les rois et les empereurs sont instamment priés de laisser leurs insignes au vestiaire de l'au-delà, et qu'au lieu de leur distribuer des numéros pour leur permettre de les retrouver à la sortie, on les leur confisque définitivement — tout cela passe dans la communauté ou dans le vestiaire social d'où ces insignes sortent bien, mais pour être distribués à d'autres humains.

Chez nous, il n'y a que des âmes plus ou moins blanches, plus ou moins lumineuses, et les grades de la terre disparaissent devant la hiérarchie de l'avancement spirituel, le seul qui compte. Vous voyez donc qu'il est très inutile de connaître les hauts faits, les conquêtes et les alliances des souverains.

Cependant, comme il faut revenir, et que la

terre, cette vieille routinière, vit aussi bien dans son passé que dans son présent, ce qui a été appris précédemment se retrouve dans les existences suivantes. On le rapprendra dans son enfance avec plus ou moins de facilité et même de plaisir et d'intérêt. Ce ne sera plus une corvée, mais une des manifestations de la vie incarnée.

Certains psychistes sont-ils dans le vrai en soutenant qu'il n'existe en réalité pour nous ni passé, ni présent, ni futur, si ce n'est d'une manière relative?

C. R. — Non, parce que le présent s'impose par nos sens matériels, tandis que le passé et le futur sont, l'un, déjà enregistré dans notre périsprit, et, le second, souvent conservé dans ce même périsprit.

Le passé et le futur sont donc des états mélangés, composés de nos sensations terrestres et de nos sensations extra-terrestres. Ce sont ces sensations mélangées qui ornent le périsprit et s'affirment sous forme d'intuitions dans la réincarnation.

L'intelligence humaine est-elle toujours le propre des âmes très évoluées?

Non — elle peut naître et se développer aussi bien dans des milieux très mauvais.

Souvent, son développement s'opère par la force de la misère ou des désirs exagérés: on a absolument besoin de ceci ou de cela, et, pour y arriver, on met son esprit à la torture, on le fait travailler outre mesure, et ce travail développe l'intelligence. Aussi voyez-vous toujours les filous doués d'un esprit de suite et de déduction, d'une prudence, d'une ruse remarquables.

Mais, me direz-vous, où est le progrès, comment s'effectue-t-il? A cela, je réponds:

L'évolution intellectuelle peut se produire de deux manières différentes chez un individu ayant une âme encore rudimentaire. Vous pouvez observer que, ou bien l'individu sera inintelligent et son côté bon et moral se développera seul — il deviendra une de ces bonnes âmes naïves et sottes, qu'on cotoie et pour lesquelles on éprouve de la sympathie, parce que, dans ce cas, l'évolution intellectuelle se greffant sur une âme solidement bonne, sera moins rapide mais arrivera normalement, sans rien détruire de la base solide sur laquelle elle s'édifiera. Ou, alors, l'être incarné ayant une âme rudimentaire tout comme celui dont je viens de parler, se trouvant aux prises avec une vie difficile, de la malchance, des charges, se mettra à chercher des moyens de sortir de sa misère, et torturera tellement son cerveau, pensera tellement à ses désirs, les retournera tellement en tous sens, que l'étincelle intellectuelle jaillira d'abord et lui fera commettre une action indélicate que son âme non évoluée ne condamnera pas puis, après, il faudra faire travailler encore ce cerveau pour se mettre à l'abri, être sûr de l'impunité, et, l'habitude prise, cet être ira tout de travers sur la route sociale.

Dans d'autres incarnations, il retrouvera son intelligence, mais il devra la plier à la morale et au droit chemin. Elle lui servira quand même, car l'intelligence est une arme à deux tranchants, mais son évolution sera différente de celle du premier individu, car, chez lui, c'est la partie intellectuelle qui se sera développée tout d'abord, et il s'agira ensuite d'appliquer cet acquis seulement aux œuvres du bien et à tout ce qui peut faire progresser.

Ce sera long également, car aucun progrès ne s'effectue avec rapidité — il n'y a pas de saut dans la loi d'évolution, puisque tout saut brusque supprimerait le travail et l'effort lent et patient grâce auquel on conquiert ses grades dans la hiérarchie des âmes.

Etes-vous pour ou contre la peine de mort?

Vous me demandez, chère amie, si je suis partisan de la peine de mort, et vous vous étonneriez beaucoup de me voir tracer un oui sur cette page. En effet, tant par mes opinions d'homme que par celles de l'Esprit désincarné, vous devez vous attendre à une réponse négative.

La mort, comme la vie, n'est pas entre les mains d'aucun être de ce monde—seul, Dieu peut envoyer les êtres en incarnation ou les rappeler vers les sphères extra-terrestres, parce que le principe de justice absolue est seul capable de connaître et d'apprécier le travail accompli, soit sur terre, soit au delà de la désincarnation. Aucun être humain ne doit donc donner la mort à son semblable, que ce soit par vengeance, jalousie, cupidité, ou simplement justice.

Et si nous parlons de justice, il faut avouer que personne ne peut savoir à quel point il est juste de supprimer de la vie d'un homme des années qui pourraient être employées à effacer la tache infamante d'un crime.

Cependant, en ce moment, quelques personnes s'émeuvent en voyant le crime devenir si facile, si fréquent, et en arrivent à regretter que la grâce du condamné soit devenue chose si habituelle.

Je ne demande certes pas que les meurtriers restent impunis, mais je crois qu'en dehors de ce fait que l'homme n'a pas le droit de mort sur son semblable, ces exécutions, qui transforment le criminel en martyr et lui gagnent tant de sympathies, sont d'un exemple très immoral.

Malheureusement, le temps des répressions douces n'est pas encore arrivé — il faut, auparavant, que l'idée de Dieu et de l'infini soit replacée dans l'esprit du peuple et qu'elle y prenne racine, non plus, comme jadis, par l'absurde foi du charbonnier, mais par la science spirite, morale et expérimentale. Le jour où on pourra aborder les foules et leur parler de leur avenir éternel, il n'y aura plus besoin de la peine de mort.

Pour le moment, on a déblayé le terrain envahi par les vieilles idées et les anciennes traditions, mais on ne leur a rien substitué, et, en enseignant seulement la morale sans but et sans intérêt personnel, on s'est placé au niveau des âmes d'élite, des êtres évolués qui ne sont pas la majorité.

C'est une faute que vous payez à l'heure actuelle par la recrudescence des crimes, mais ceci aura une fin, car aucun mal n'arrive à être le maître absolu, et c'est toujours lorsque le point culminant est atteint en quoi que ce soit, qu'une évolution, involution ou révolution se produit.

Laissons donc les choses suivre l'inéluctable loi qui régit l'univers — répandons à flots la parole de vérité, nous, par nos efforts à seconder les médiums, vous, par votre apostolat spirite.

Il faut arriver à être des légions de croyants pour votre si belle doctrine, et, en suivant ce programme, nous hâterons la venue du règne de vérité qui doit succéder à cette ère de tâtonnements au milieu desquels l'humanité présente se meut avec tant de peine, en cherchant une voie qui s'ouvre difficilement devant les efforts du progrès social.

Est-il vrai que, dans l'avenir, on trouvera des moyens de se passer de la houille et d'éviter ainsi les catastrophes qui se produisent dans les mines?

Il faut l'espérer, mais je ne vois cependant pas la terre complètement délivrée des industries dangereuses, parce qu'elle est un monde d'expiation. La terre n'est pas une planète avancée, et on ne pourra pas en changer complètement les conditions d'existence, car, par exemple, si on abandonne l'exploitation des mines, il faudra avoir recours à des forces qui seront tout aussi dangereuses, et les explosions à air libre remplaceront probablement les ensevelissements humains.

Remarquez ceci, c'est que nul ne peut se soustraire à la mort — elle est la condition obligatoire de la vie terrestre, puisque c'est par elle que nous retournons à l'au-delà, quitté à regret, et vers lequel nos aspirations s'arrêtent pendant la vie, parce que nous ne nous souvenons pas des merveilles momentanément abandonnées.

L'intelligence a été donnée à l'homme, qui la rapporte près de ses frères en incarnation et s'efforce d'améliorer les conditions de l'existence terrestre par une lutte incessante contre qui? contre la nature? contre les éléments? non — contre Dieu qui vous prête la vie pour que vous la lui rendiez au bout de quelques années.

Eh bien, dans cette lutte si complètement inégale, l'homme gagne une parcelle de terrain, celle que Dieu lui permet de conquérir, pour l'initier au développement de son intelligence et à la pratique de la charité et de l'amour de son prochain.

Mais le but mortel ne disparaît pas — il est simplement déplacé, et si, après les études médicales et les recherches, si, après le progrès de l'hygiène, on est arrivé à faire disparaître certaines maladies, comme la peste, le choléra, la variole, on se trouve en présence de la tuberculose ou de maladies nouvelles inconnues jusqu'alors, comme l'influenza infectieuse qui a fait tant de victimes ces dernières années.

Non, l'homme ne peut se dresser orgueilleusement vis-à-vis de la très grandiose puissance créatrice ou productrice. Non, il ne peut se dire qu'il vaincra les éléments et sera le maître de la mort elle-même — il faut à la grande faucheuse un nombre déterminé de victimes à abattre chaque année, chaque jour, à chaque heure, à chaque minute, et, si les figures mythologiques l'ont représentée hideuse, redoutable, effrayante, on a voulu seulement frapper l'imagination des peuples, pour les engager à vivre leur vie sans défaillance, et à craindre une trop prompte désincarnation qui les mettrait dans la nécessité de recommencer sans avoir tiré de leur existence présente la partie utile qu'ils pourraient en extraire — mais, derrière le linceul qui couvre le squelette redouté, se cache la lumière de délivrance qui scintille au seuil de la porte merveilleuse par laquelle on entre dans l'au-delà.

(*Je dis qu'il est désagréable de prendre des rides!*)

Oh, les rides, c'est charmant — cela donne à la physionomie un caractère de progrès effectué. Je veux dire que cela caractérise un visage, et qu'au lieu d'y deviner à peine les qualités, on les voit fixées par le temps et par l'acquis de l'âme.

Les femmes sensées savent bien que rien n'arrête le cours des années, et que toutes ces petites rides que vous déplorez sont plus jolies qu'on ne pense, parce que ce sont des émotions tristes ou joyeuses qui les ont imprimées, et que, par elles, on revit doucement le passé dans tout ce qu'il contient de tendres souvenirs.

Les rides sont des personnes très intelligentes, et croyez bien que celles des méchants n'ont pas la même expression ni la même forme que celles des âmes élevées.

R. L. — C'est Charles qui a dicté cela.

Qu'il est gentil!

C'est moi qui suis gentil de ne pas me l'être attribué!

Dites-moi, vous aussi, quelque chose pour me consoler de vieillir!

Vieillir, c'est se rapprocher de nous et atteindre le but.

Vieillir, c'est rajeunir, puisqu'on arrive ainsi à la porte de la renaissance.

Aimeriez-vous vivre à présent?

C. R. — Non, pas du tout.

C'est pourquoi, voyez-vous, il est nécessaire de ne pas se rappeler ses existences passées!

Ce que vous dites aujourd'hui du présent, vos aïeules l'ont dit aussi à l'époque où vous trouviez tout beau et agréable. Elles aussi maudissaient l'époque présente et regrettaient celle de leur jeunesse.

On a besoin d'oublier parce que, en naissant petit enfant, on s'assimile les mœurs et les coutumes des années qu'on doit vivre — aussi les accepte-t-on avec joie sans que rien d'elles vous choque. Puis, on avance en âge, on évolue, et on commence à se fatiguer du changement continuel des choses.

C'est ce qui fait désirer le repos extra-terrestre — on se sent appelé de l'autre côté, parce qu'on a fait son temps.

J'en suis là et bien persuadée que j'ai fait mon temps, mais je crois que quelques-uns seront tristes de mon départ de ce monde, et cette pensée me cause plus de peine que de satisfaction, car j'ai toujours trouvé mon bon père un peu égoïste de tenir à se faire tant regretter de nous!

Non, c'est naturel — cela montre qu'on ne saurait se passer de la tendresse des siens.

Ne pas être regretté, cela prouve une froideur envers les autres qui a dû les faire souffrir.

La vie est un tissu de larmes et de sourires — avoir été aimé par quelqu'un, c'est lui devoir bien des sourires... n'est-il pas naturel de lui donner quelques larmes?...

Si on voulait traiter à fond ce sujet, je ne crois pas qu'on donnerait la préférence à une vie exempte des sourires et des larmes — ce serait l'existence d'un cœur sec qui ne souffre pas et ne jouit pas davantage.

Je crois qu'il est plus normal d'accepter la part des joies et des douleurs réservées à ceux qui sentent, à ceux qui vibrent — ceux-là, au moins, ont vécu, et ils ont répandu autour d'eux le rayonnement de leurs joies et de leurs peines — les premières pour les faire partager, les secondes pour demander l'appui de ceux qui savent panser les plaies du cœur.

C'est ainsi que les uns et les autres se font la courte échelle pour gravir le rocher escarpé qui mène aux grands sommets — c'est ainsi que s'écoulent les années que chacun appelle avec l'espoir d'un avenir meilleur, et dont on constate forcément l'uniformité de joies et de peines réparties dans les mois qui se succèdent, ramenant non seulement l'hiver et l'été physiques, mais encore les saisons morales, froides ou tièdes, glacées ou parfumées.

Les années sont des feuilles qu'on voit s'envoler sans regrets de l'arbre de la vie, car, si elles emportent les quelques joies vécues, trop rares, hélas, elles emportent aussi les douleurs qu'il a fallu subir, et elles rapprochent insensiblement de l'entrée dans le séjour des joies sans exemple ici-bas et de la paix sans nuages.

TABLE DES MATIÈRES

Introduction v
Préface xix

DOCTRINE

Divers 1
Occultistes et Théosophes 10
Spiritisme 19

CONFIGURATION DU SYSTEME

Genèse de l'humanité 36
Astrologie et Fatalité 51
Vie psychique 59
Mort et Trouble 76
Chez «Eux»: Où ils sont.— Type initial.—
   Intelligence, occupations, vie affective.—
   Rapports avec nous 91

EXTERIORISATION

Sommeil. — Rêves. — Somnambulisme .. 137
Psychométrie 146

Clairvoyance. — Photographie de la pensée.
— Hallucinations 150
Doubles personnalités. — Inconscient. —
Subconscient, etc.................. 161
Suggestion mentale. — Télépathie...... 166
Magnétisme. — Hypnotisme. — Dédouble-
ment 172
Momification 189

EXPÉRIENCES

Généralités 195
Médiums 219
Expériences diverses 235
Preuves 262

PREUVES

Relation de Mme de W.............. 266

VIE TERRESTRE

Progrès humain 278
Divers 295

Henri DURVILLE, imprimeur, 23, rue Saint-Merri, Paris.

www.ingramcontent.com/pod-product-compliance
Lightning Source LLC
Chambersburg PA
CBHW050753170426
43202CB00013B/2402